Erläuterungen und Dokumente

Thomas Mann
Tonio Kröger

HERAUSGEGEBEN VON
WERNER BELLMANN

PHILIPP RECLAM JUN. STUTTGART

Thomas Manns »Tonio Kröger« liegt als Fischer-Taschenbuch 1381 (zusammen mit »Mario und der Zauberer«) vor.

Universal-Bibliothek Nr. 8163

Gesamtherstellung: Reclam, Ditzingen. Printed in Germany 1983
ISBN 3-15-008163-7

Inhalt

I. Wort- und Sacherklärungen

Tonio Kröger: Zum Namen des »zwischen zwei Welten« stehenden Titelhelden seiner »nord-südlichen Künstlernovelle« (Thomas Mann, »Gesammelte Werke in dreizehn Bänden«, Frankfurt: S. Fischer, 1974 [im folgenden zit. als: GW]; hier: XI, S. 414) hat sich Thomas Mann mehrfach geäußert. In den »Betrachtungen eines Unpolitischen« (1918) deutet er den Namen als »Symbol für jederlei Mischlingsproblematik«: für die »romanisch-deutsche Blutsmischung« wie auch für »die Mittelstellung zwischen Gesundheit und Raffinement, Anständigkeit und Abenteurertum, Gemüt und Artistik« (GW XII, S. 91 f.). In seiner anläßlich der Verleihung des Nobelpreises 1929 in Stockholm gehaltenen Rede hob er auf den für die Erzählung strukturbestimmenden Nord-Süd-Kontrast ab: »Sie handelt vom Süden und vom Norden und von der Mischung beider in einer Person: einer konfliktvollen und produktiven Mischung. Der Süden, das ist in dieser Geschichte der Inbegriff alles geistig-sinnlichen Abenteuers, der kalten Leidenschaft des Künstlertums; der Norden dagegen der Inbegriff aller Herzlichkeit und bürgerlichen Heimat, alles tief ruhenden Gefühls, aller innigen Menschlichkeit.« (GW XI, S. 410.) Eine auf Herkunft und Wesenszüge seiner Eltern anspielende Äußerung aus dem Jahr 1925 verdeutlicht den autobiographischen Bezug: »Ich selbst, der einst den ›Tonio Kröger‹ schrieb, bin eine persönliche Mischung aus Norden und Süden, aus deutschen und exotischen Elementen.« (GW XI, S. 370.) Vgl. den vorletzten Abschnitt von Kap. 3 (*sein Name* [. . .], *dieser aus Sud und Nord zusammengesetzte Klang*) sowie Tonios Selbstanalyse im Schlußkapitel der Erzählung.

Der ›bürgerliche‹ Name *Kröger* ist der Roman-Familie der »Buddenbrooks« (1901) entnommen, »deren autobiographische Fortsetzung gewissermaßen ›Tonio Kröger‹ ist«

(Briefe I, S. 206). Der ›befremdende‹ Vorname verweist auf die südländische Herkunft der Mutter; deren Bruder, nach dem er getauft worden sei, heiße *Antonio*, erläutert Tonio seinen Kameraden und fügt hinzu: *denn meine Mutter ist doch von drüben ...* (Kap. 2).
Die aus der Mischung von Vater- und Muttererbe resultierende Polarität hat Thomas Mann schon in der Erzählung »Der Wille zum Glück« (1896) symbolisch ausgedrückt, als er dem Helden den gleichfalls *exotisch angehauchten Bürgersnamen* Paolo Hofmann gab.
Der »Tonio Kröger« erschien 1903 im Zeitschriftenerstdruck ohne Untertitel, dann in der Sammlung »Tristan. Sechs Novellen«. Auch sonst hat Thomas Mann in bezug auf den »Tonio Kröger« in der Regel von »Novelle«, »Künstlernovelle« und »meine Jugendnovelle« gesprochen; daneben begegnen die Bezeichnungen »lyrische Novelle« (GW IX, S. 247), »Prosa-Ballade« (GW XII, S. 90) und auch »Erzählung«. Tatsächlich entspricht der »Tonio Kröger« nicht den Formgesetzen, wie sie das 19. Jh. für die Gattung ›Novelle‹ entwickelt und festgelegt hatte. Ein Brief vom November 1894 an Otto Grautoff, der ihm seine als »Novelle« bezeichnete Prosaarbeit »Frühling« übersandt hatte, verdeutlicht, welche Vorstellungen Thomas Mann in frühen Jahren mit der Gattungsbezeichnung verband. Weil ihr die »novellistische Abrundung« fehle, nennt er Grautoffs Arbeit eine »Studie oder Skizze«. Sie sei dies und keine Novelle, »weil der Held kein Novellen- oder Romanheld sondern ein skizzenhafter Held ist. Der Leser kennt ihn nicht, sieht ihn weder von außen noch von innen. Von außen kennt er ihn überhaupt nicht, von innen nur ganz flüchtig. – Skizzenhaft. Er weiß nichts von seinem Charakter, seiner Weltanschauung, seiner Herkunft, seiner Entwicklung [...] wie kann er sich für einen Menschen erwärmen, den er garnicht kennt?« (»Briefe an Otto Grautoff«, S. 23 f.)

1

der engen Stadt: Das 1., 2. und 6. Kapitel haben »Lübeck direkt zum Hintergrunde« (GW XI, S. 393); in Lübeck wurde Thomas Mann 1875 geboren und lebte dort bis zur Beendigung seiner Schulzeit 1894.

Wotanshut: weicher, breiter Hut mit hängender Krempe; mit einem solchen ›Schlapphut‹ erscheint der Sturm- und Gewittergott Wotan in nordischen Sagen, vor allem wenn er verkleidet auftritt (Relikt der Tarnkappe bzw. der noch älteren ›hüllenden Wolke‹). Vgl. auch Richard Wagners »Siegfried« (Reclams Universal-Bibliothek, 5643, S. 24 und 79 f.).

Jupiterbart: Den altröm. Haupt- und Himmelsgott stellen antike Plastiken mit gelocktem Vollbart dar.

Hans Hansen: Modell dieser Figur ist Thomas Manns Mitschüler Armin Martens (geb. 1876), der Sohn eines Lübecker Kaufmanns und Mühlenbesitzers (s. Abb.). Als Hermann Lange, gleichfalls ein ehemaliger Klassenkamerad, Thomas Mann eine Liste der »Jugendgenossen« übersandte, antwortete dieser am 19. März 1955: »Ganz unbetont (wohl absichtlich) läuft bei Deiner Aufzählung der Name Armin Martens mit unter, und doch hätte er eine rote Unterstreichung verdient. Denn d e n habe ich geliebt – er war tatsächlich meine erste Liebe, und eine zartere, selig-schmerzlichere war mir nie mehr beschieden. So etwas vergißt man nicht, und gingen 70 inhaltsvolle Jahre darüber hin. Mag es lächerlich klingen, aber ich bewahre das Gedenken an diese Passion der Unschuld wie einen Schatz. Nur zu begreiflich, daß er mit meiner Schwärmerei, die ich ihm einmal an einem ›großen‹ Tage gestand, nichts anzufangen wußte. Das lag an mir und an ihm. Sie starb denn auch so dahin, – lange bevor er selbst, dessen Charme schon durch die Pubertät erheblichen Schaden gelitten, als Allererster irgendwo starb und verdarb. Aber ich habe ihm im ›Tonio Kröger‹ ein Denkmal gesetzt [...]. Merkwürdig zu denken auch, daß die ganze

Bestimmung dieses Menschenkindes darin bestand, ein Gefühl zu erwecken, das eines Tages zum bleibenden Gedicht werden sollte.« (Briefe III, S. 386 f.; vgl. GW XI, S. 99 f.) Eingegangen sind in dieses poetische Porträt jedoch auch Züge des Münchner Malers Paul Ehrenberg (1878–1949), mit dem Thomas Mann seit 1899 befreundet war. Im »Lebensabriß« (1930) heißt es: »Herzlich befreundet war ich zu jener Zeit mit zwei jungen Leuten aus dem Jugendkreise meiner Schwestern, Söhnen eines Dresdener Malers und Akademieprofessors E[hrenberg]. Meine Neigung für den Jüngeren, Paul, der ebenfalls Maler war, Akademiker damals und Schüler des berühmten Tiermalers Zügel [. . .], war etwas wie die Auferstehung meiner Empfindungen für jenen zugrunde gegangenen blonden Schulkameraden, aber dank größerer geistiger Nähe sehr viel glücklicher.« (GW XI, S. 107.) In Thomas Manns Nachlaß fand sich eine Photographie des 26jährigen Paul Ehrenberg, die »eine unverkennbare, geradezu ›sprechende‹ Ähnlichkeit mit Jugendbildern von Armin Martens aufweist, die seine Schwester Ilse aufbewahrte – kein Zweifel: er war derselbe ›Typ‹.« (Mendelssohn, »Der Zauberer«, S. 378.) Auf Ehrenberg, der mit Vorliebe Tierbilder (auch Pferde-Bilder) malte, verweist von ferne Hans Hansens Begeisterung für Pferdebücher mit Augenblicksphotographien.

Der Gleichklang von Hans Hansens Vor- und Zunamen signalisiert, daß für ihn die »Mischlingsproblematik« nicht existiert, daß er die Gegenfigur zum »Jüngling-Dichter mit dem gemischten Namen und Wesen« ist (GW XII, S. 542).

Konsul Krögers Sohn . . . Getreidesäcke: ein autobiographisches Element: Manns Vater hatte 1863 die väterliche Getreidehandlung übernommen; seit 1864 war er Königl. Niederländischer Konsul. – Zum Verhältnis von autobiographisch Wirklichem und poetischer Fiktion vgl. Kap. 1, Anm. zu *sein Vater . . .* und Kap. 3, Anm. zu *Die alte Familie . . .*

Foto des sechzehnjährigen Armin Martens
(Vgl. S. 7, Anm. zu »Hans Hansen«)

seiner Vorfahren großes altes Haus: Anspielung auf das in der Lübecker Mengstraße gelegene, 1841 von den Großeltern erworbene ansehnliche Patrizierhaus aus dem 18. Jh. (›Buddenbrook‹-Haus).

Gurtpaletot: Überzieher, langer Mantel mit Gürtel (zu lat. »palla« ›Obergewand‹).

bastblonden Haares ... stahlblauen Augen: Armin Martens war tatsächlich »ein bildhübscher, blondhaariger und blauäugiger Junge« (Mendelssohn, »Der Zauberer«, S. 115). In diesem Punkt entspricht die vorgegebene Wirklichkeit einer übergeordneten Gestaltungsidee; denn Hans Hansen ist in der Erzählung Verkörperung eines auf Nietzsche zurückweisenden Typus. Auf Nietzsches »Genealogie der Moral« (1887) anspielend, schreibt Thomas Mann im »Lebensabriß«: »Was war mir sein Machtphilosophem und die ›Blonde Bestie‹? Beinahe eine Verlegenheit. Seine Verherrlichung des ›Lebens‹ auf Kosten des Geistes, diese Lyrik, die im deutschen Denken so mißliche Folgen gehabt hat, – es gab nur eine Möglichkeit, sie mir zu assimilieren: als Ironie. Es ist wahr, die ›Blonde Bestie‹ spukt auch in meiner Jugenddichtung, aber sie ist ihres bestialischen Charakters so ziemlich entkleidet, und übriggeblieben ist nichts als die Blondheit zusammen mit der Geistlosigkeit« (GW XI, S. 110). Im »Doktor Faustus« (1947) ist die Rede von »blauäugiger Belanglosigkeit« (GW VI, S. 553). – Im »Tonio Kröger« sind die ›Blonden‹ Vertreter des ›Lebens‹, der menschlichen Normalität. Heinrich Mann notierte Ende 1903 (Briefentwurf): »Wir tragen ganz dieselben Ideale in uns. Du sehnst Dich nach der Gesundheit des Nordens, ich mich nach der des Südens. Ich habe Dir schon bei T. Kröger zu bedenken gegeben, daß es nicht nur eine blauäugige Gewöhnlichkeit giebt.« (»Deutsche Vierteljahrsschrift für Literaturwissenschaft und Geistesgeschichte« 55, 1981, S. 657.)

Mühlenwall ... Holstenwall: In Spazierwege umgewandelte ehemalige Wälle der Stadtbefestigung von Lübeck.

Wer am meisten liebt ... muß leiden: Volkmar Hansen (»Thomas Manns Heine-Rezeption«, S. 104) hat hierzu auf die folgenden Verse Heines verwiesen (»Lamentationen« 6):

Wer ein Herz hat und im Herzen
Liebe trägt, ist überwunden
Schon zur Hälfte; und so lieg' ich
Jetzt geknebelt und gebunden ---

Springstrahles ... Walnußbaumes: Im elterlichen Haus in der Beckergrube, das die Familie Mann im Frühjahr 1883 bezogen hatte, teilten sich Thomas und sein vier Jahre älterer Bruder Heinrich ein Zimmer im zweiten Obergeschoß mit Blick auf den Garten. Im Brief Thomas Manns an Hermann Lange vom 19. März 1955 heißt es: »Wie weit liegen Kindheit und Jugend zurück nebst dem Blick, den Du erwähnst, von meinem Schülerzimmer auf den Garten mit dem Springbrunnen und dem alten Walnußbaum, der in meinen ersten kindlichen Gedichten eine Rolle spielte.« (Briefe III, S. 386.) Vgl. die Schilderung des Gartens in den »Buddenbrooks« (VII,6).

das Meer ... in den Ferien: 1882 bis 1891 verlebte die Familie Mann fast in jedem Jahr die Sommerferien im Ostseebad Travemünde. In diesem »Ferienparadies«, so schreibt Thomas Mann 1926, habe er »die unzweifelhaft glücklichsten Tage« seines Lebens verbracht; »an diesem Ort gingen das Meer und die Musik in meinem Herzen eine ideelle, eine Gefühlsverbindung für immer ein« (GW XI, S. 388).

Heft mit selbstgeschriebenen Versen ... schadete ihm sehr: Den autobiographischen Hintergrund erhellt der »Lebensabriß«: Bei den Lehrern »schadete mir sehr, daß ich ›dichtete‹. Ich war in dieser Hinsicht nicht diskret genug gewesen, wahrscheinlich aus Eitelkeit. Eine Romanze auf den heroischen Tod der Arria, ›Paete, non dolet‹, mit der ich mich vor einem Mitschüler gebrüstet und die dieser, halb aus Bewunderung, halb aus Bosheit, dem Ordinarius eingehändigt hatte, machte schon in Untertertia den Vorgesetzten meine dienstwidrige Absonderlichkeit klar.« (GW XI, S. 99.)

die erbärmlichsten Zensuren: Thomas Mann absolvierte im traditionsreichen Lübecker Katharineum ab Ostern 1889 Untertertia, Obertertia und Untersekunda, wozu er allerdings fünf Jahre benötigte. »Ich verabscheute die Schule und tat ihren Anforderungen bis ans Ende nicht Genüge. Ich verachtete sie als Milieu, kritisierte die Manieren ihrer Machthaber und befand mich früh in einer Art literarischer Opposition gegen ihren Geist, ihre Disziplin, ihre Abrichtungsmethoden«, heißt es im »Lebensabriß« (GW XI, S. 99). Vgl. die in Kap. II abgedruckte Aufzeichnung aus Notizbuch 7.

sein Vater ... Feldblume im Knopfloch: Auf diese Charakterisierung von Tonios Vater anspielend, schreibt Thomas Mann 1930 im Essay »Theodor Storm«: »Zu Anfang unseres Jahrhunderts schrieb ein junger Dichter eine lyrische Novelle [...]. Er wich mit dieser Beschreibung [des Vaters seines Helden] vom autobiographisch Wirklichen entschieden ab, und dennoch war sie nicht Willkür und bloße Phantasie. Die Figur, die ihm vorschwebte, entstand aus dem Gefühl und Bewußtsein der doppelten kulturellen Herkunft des Werkchens, in das er sie hineinstellte, einer deutsch-heimatlichen und einer mondänen: Die Figuren der geistigen Väter seiner Geschichte, Storms und Turgenjews, des ›doux géant‹, wie die Pariser Freunde den Skythen nannten, verschmolzen ihm zur Vatergestalt des langen, wehmütig sinnenden Weißbartes mit der Feldblume im Knopfloch« (GW IX, S. 247).

seiner schönen, schwarzhaarigen Mutter: Als unangemessen zurückgewiesen hat Thomas Mann die unbedenkliche Identifizierung der literarischen Gestalt mit seiner eigenen Mutter, der 1851 in Brasilien geborenen Tochter eines deutschen Plantagenbesitzers und einer portugiesisch-kreolischen Brasilianerin: Mit »meiner Mutter, wie sie war«, ist die Figur »tatsächlich nur durch die beiden

Motive der Musikalität und des Weither-Seins verbunden« (GW XI, S. 420; vgl. auch GW XI, S. 98).

Consuelo: (span.) Trost, Tröstung; hier als ›sprechender‹ Name, auf die Bedeutung der Mutter für Tonio verweisend. Es kann kaum bezweifelt werden, daß bei dieser Namengebung die Titelheldin von George Sands (1804–76) in der Zeit des Zusammenlebens mit Frédéric Chopin entstandenem Roman »Consuelo« (1842/43) Pate gestanden hat. Zum Namen der aus Spanien stammenden, zigeunerhaft fahrenden Sängerin (»petite bohémienne«), die unvermutet auf der venezianischen Opernbühne Karriere macht, heißt es dort:

»Consuelo? quel nom bizarre! dit le comte.
Un beau nom, illustrissime, reprit Anzoleto; cela veut dire consolation.«

[Consuelo? Welch seltsamer Name! sagte der Graf.
Ein schöner Name, Erlaucht, antwortete Anzoleto; er bedeutet Tröstung.]

(G. Sand, »Œuvres Complètes«, Bd. 7, Repr. Genf 1980, T. 1, S. 19.) Auf diesen Roman – in dem überdies eine Randfigur den Namen ›von Buddenbrock‹ trägt (Kap. CII)! – spielt Georg Herwegh schon Mitte Februar 1843 in der Anrede eines Briefs an seine Braut Emma an: »Meine Consuelo, mein Trost!« – Der »gemischte« Name von Tonios Mutter verweist zudem auf die Diskrepanz von Wesen und Lebenssituation. Wenn *Consuelo Kröger* nach dem Tod ihres Mannes ihren Neigungen zur Boheme nachgibt, einen Musiker *mit italienischem Namen* heiratet und ihm *in blaue Fernen* folgt (Kap. 3), so drückt ihr nunmehr romanisch-›ungemischter‹ Name symbolisch aus, daß sie damit ihrer wesensmäßigen Bestimmung gerecht wird.

Zigeuner im grünen Wagen: Dieses leitmotivisch wiederkehrende Bild, dem später Begriffe wie ›Gaukler‹ und ›abenteuernder Artist‹ zugeordnet werden, verweist auf ›Heimatlosigkeit‹, auf Ausgeschlossenheit von bürgerlicher Normalität. Vgl. Kap. 9, Anm. zu *Bohemien.*

›Don Carlos‹ von Schiller ... die Stelle, wo der König geweint hat: Gemeint ist Szene IV,23 von Schillers »Don Carlos«. Thomas Mann erinnert sich 1955 im »Versuch über Schiller«: »›Don Carlos‹ – wie könnte ich je die erste Sprachbegeisterung meiner fünfzehn Jahre vergessen, die an dem stolzen Gedicht sich entzündete!« Dann zitiert er aus der »Szene vorm königlichen Kabinett, der ich früh meine Huldigung dargebracht habe, als Philipp den ›Menschen‹, um den er die Vorsicht angefleht, verloren hat« (GW IX, S. 892 f.).

Erwin Jimmerthal: ›Jimmerthal‹ hieß der Organist der Lübecker Marienkirche. Auf Anfrage teilte Thomas Mann am 14. Mai 1945 Stanley Godmann mit: »I doubt that when I chose the name for Tonio Kröger's schoolmate I was thinking of the organist. It was simply that the name was familiar to me from my early childhood days. [...] I assume the name Jimmerthal is ›echt luebisch‹, although it did not occur among my personal acquaintances« (zit. nach: »Dichter über ihre Dichtungen« I, S. 167).

Exerzitium: (lat.) schriftliche Übungsarbeit.

Gewöhnlichen: In einem Brief an seinen Bruder Heinrich schreibt Thomas Mann am 5. Dezember 1903: »In ›Tonio Kröger‹ sind als Gegensatz des Künstlers, wie ich ihn verstehe, ›die Gewöhnlichen‹ genannt.« (»Deutsche Vierteljahrsschrift für Literaturwissenschaft und Geistesgeschichte« 55, 1981, S. 653.)

Lindenplatze: zwischen Bahnhof und Holstentor gelegener Platz in Lübeck.

das alte, untersetzte Tor: das Holstentor von 1477.

2

Ingeborg Holm: Die »blonde Inge« ist das weibl. Pendant zu Hans Hansen, Repräsentantin desselben *Typus*, dieser *lichten, stahlblauäugigen und blondhaarigen Art* (Kap. 8). Dies sollen auch die alliterierend-nordischen Familiennamen signalisieren.

Gazeärmel: ›Gaze‹ ist ein lose gewebter, netzartiger Stoff.

Tanzstunde ... François Knaak: Im Winter 1889 besuchten Thomas Mann und seine Schwester Julia sowie Armin Martens, das Modell des Hans Hansen, und dessen Schwester Ilse einen privaten Tanzkursus (vgl. Mendelssohn, »Der Zauberer«, S. 118–120). Eine »braunbezopfte Tanzstundenpartnerin« der – neben A. Martens – »weitere Liebeslyrik galt«, erwähnt der »Lebensabriß« (GW XI, S. 100). Geleitet wurde der Kurs vom Ballettmeister des Deutschen Schauspielhauses Hamburg, Rudolf Knoll. Die in Grundzügen dem realen Vorbild nachgestaltete, jedoch wohl satirisch überzeichnete Figur erhält in der Erzählung einen »gemischten Namen«, der ein ironisches Pendant zu dem des Titelhelden darstellt. Der Anlaut des Nachnamens (›Kn‹) und dessen Buchstabenzahl sind beibehalten. – Ballettmeister Knaak begegnet erneut in der Erzählung »Wie Jappe und Do Escobar sich prügelten« (1911) und wird bis in Details übereinstimmend charakterisiert. Über die »Stellung François Knaaks im Leben«, die der Ich-Erzähler »sonderbar und phantastisch« nennt, heißt es dort: »Kleiner Leute Kind, wie er war, schwebte er mit seiner Pflege der höchsten Lebensart schlechthin in der Luft, und ohne zur Gesellschaft zu gehören, wurde er von ihr als Hüter und Lehrmeister ihres Sittenideals bezahlt.« (GW VIII, S. 435.)

Behufe: veraltet für ›Erfordernis, Zweck‹.

J'ai l'honneur ... mon nom est Knaak: (frz.) Ich habe die Ehre, mich Ihnen vorzustellen: Mein Name ist Knaak.

Gehrock: knielanger Männerrock, zweireihig mit vorn übereinandergehenden Schößen.

Talkum: helles, weiches Mineral; es wird auf Böden gestreut, um sie glatt zu machen.

Eleven: frz. »élève« ›Zögling, Schüler‹.

Portieren: frz. »portière« ›Türvorhang‹.

Lorgnetten: (frz.) bügellose Brillen mit Stielgriff.

Mazurka: (poln.) aus einem Volkstanz hervorgegangener Gesellschaftstanz (Rundtanz).

ruhevoll ... Knaaks Augen ... so schreiten zu können: Während seines zweiten Italienaufenthalts notierte Thomas Mann (Sommer 1897): »Der gesunde und ›einfache‹ Mensch mit Beinen, die fest an ihrem Platz stehen, und geradeblickenden Augen, die unverwirrbar sind wie diejenigen einer Kuh, – hat ein sicheres Auftreten, das ist ganz klar. Mit einem gewissen Grade dagegen, wie gesagt, von Bildung, Feingefühl, psychologischer Reizbarkeit und Einblick in die verwirrende Kompliziertheit [...] des Verkehrs zwischen Menschen ist selten genügend Nervenkraft verbunden, als daß ›sicheres Auftreten‹ vorhanden sein könnte« (zit. nach: Mendelssohn, »Der Zauberer«, S. 275). Diese Notiz erklärt nicht nur die *wundervoll beherrschte Körperlichkeit* Knaaks, sondern auch die ›Unbeholfenheit‹ Magdalena Vermehrens (vgl. Anm. zu *Magdalena Vermehren*).

dann wurde man geliebt ... liebenswürdig: Thomas Mann nimmt hier wohl das Motto von Heines »Ideen. Das Buch Le Grand« (1827) auf: »Sie war liebenswürdig, und Er liebte Sie; Er aber war nicht liebenswürdig, und Sie liebte Ihn nicht. (Altes Stück.)« Vgl. V. Hansen, »Thomas Manns Heine-Rezeption«, S. 104.

Magdalena Vermehren: Zum Lübecker Urbild dieser Figur und der literarischen Überformung teilt Herbert Lehnert mit: »Die Wirklichkeit, soweit sie aus einem Gespräch mit der Tochter jenes Vorbildes für mich erkennbar wurde, sah etwa so aus: ein Mädchen, das Verse machte, nahm an dem Tanzstundenkurs teil, dem der junge Thomas Mann angehörte. Die beiden lasen sich gegenseitig Verse vor. Jedoch bestritt diese Dame gegenüber ihrer Tochter energisch, jemals hingefallen zu sein. Nimmt man diese Darstellung als richtig an, dann zeigt sich, daß Thomas Mann gewisse Züge seiner autobiographischen Erinnerungen verstärkte: das Hinfallen Magdalena Vermehrens ist ein Zeichen für das Anomale, für das instinkthemmende Bewußtsein, das künstlerischem Verständnis assoziiert wird.« (»Orbis litterarum« 24, 1969, S. 294.) –

Zum Symbolwert des ›Hinfallens‹ vgl. in Kap. 4: *Leute mit ungeschickten Körpern und feinen Seelen, Leute, die immer hinfallen, sozusagen.* Beim Vornamen des Gegentyps zur ›lustigen Inge‹ dürfte Thomas Mann an die ›büßende Magdalena‹ der christlichen Legende gedacht haben.

en avant!: (frz.) Vorwärts!

Quadrille: (frz.) Gesellschaftstanz; ausgeführt von jeweils vier Paaren, die sich in einem Viereck (*Karree*) aufstellen.

Herr Heinzelmann: ›Heinzelmann‹ ist in mitteldt. Volkssagen ein geschäftiger Hausgeist; durch ein Gedicht August Kopischs (1799–1853) populär wurden vor allem die Kölner Heinzelmännchen.

Gedicht von Storm ... mußt tanzen: Gemeint ist Theodor Storms Gedicht »Hyazinthen« (1852), das Thomas Mann wegen seiner »vornehmen Zärtlichkeit«, der »cellomäßig gezogenen Fülle von Empfindung, Schwermut, Liebesmüdigkeit« und des »unendlich gefühlssymbolischen Refrains« besonders schätzte (GW IX, S. 250):

Hyazinthen

Fern hallt Musik; doch hier ist stille Nacht,
Mit Schlummerduft anhauchen mich die Pflanzen.
Ich habe immer, immer dein gedacht;
Ich möchte schlafen, aber du mußt tanzen.

Es hört nicht auf, es rast ohn Unterlaß;
Die Kerzen brennen und die Geigen schreien,
Es teilen und es schließen sich die Reihen,
Und alle glühen; aber du bist blaß.

Und du mußt tanzen; fremde Arme schmiegen
Sich an dein Herz; o leide nicht Gewalt!
Ich seh dein weißes Kleid vorüberfliegen
Und deine leichte, zärtliche Gestalt. ––

Und süßer strömend quillt der Duft der Nacht
Und träumerischer aus dem Kelch der Pflanzen.

Ich habe immer, immer dein gedacht;
Ich möchte schlafen, aber du mußt tanzen.

Tour: (frz.) kreisförmige Bewegung, Drehung. ›Touren‹ nennt man die verschiedenen Figuren (variierenden Drehbewegungen) der Quadrille.

Compliment!: Dieses Kommando fordert zur Verbeugung auf (frz., eigtl.: Artigkeit, Gruß).

Moulinet des dames!: ›Mühle der Damen!‹ Die vier Tänzerinnen legen ihre rechte Hand aufeinander und bilden eine kreisende Figur.

Tour de main!: Tänzer und Tänzerinnen machen paarweise, sich eine Hand reichend, eine Drehbewegung umeinander.

En arrière: (frz.) rückwärts, zurück.

fi donc!: (frz.) Pfui!

Folgmädchen: geschultes Personal in herrschaftlichen Haushalten; wohl nach frz. suivante, urspr. die aufwartende Dame im Gefolge der Königin, dann: Begleiterin, Zofe.

Plumcake: (engl.) Kuchen mit Sultaninen, Rosinen, Gewürzen und Rum.

Storms ›Immensee‹: Einen »ins Modern-Problematische fortgewandelten ›Immensee‹«, eine Mischung aus »Wehmut und Kritik, Innigkeit und Skepsis, Storm und Nietzsche, Stimmung und Intellektualismus« hat Thomas Mann seinen »Tonio Kröger« 1918 genannt (GW XII, S. 92 u. S. 106). Auf z. T. »im Geheimen wirksame« Reminiszenzen an Storms lyrisch-sentimentale Novelle (1850), in der die Geschichte einer unerfüllten Liebe erzählt wird, hat Günther Weydt hingewiesen: »Der Reinhard der alten Novelle und Tonio haben vieles gemein: vor allem die Einsamkeit und ihre leidvoll empfundene, ja wesensmäßig begründete Stellung außerhalb der bürgerlichen Gesellschaft. [...] In beiden Fällen wird die Heimatlosigkeit einer an sich weitgehend unterschiedlich orientierten Künstlerexistenz durch das Zigeunermotiv symbolisch betont. In ›Immensee‹ durch den Motivkreis um das Zigeunermädchen, in ›Tonio Kröger‹ durch die leitmotivisch wiederkehrende Idee vom ›Zigeuner im grünen Wagen‹«. (Günther Weydt, »Thomas Mann und Storm«, in: »Wissenschaft als Dialog«, hrsg. von R. von Heydebrand und K. G. Just, Stuttgart 1969, S. 182 f.)

Sie müßte kommen ... keines Weges: In der wahrscheinlich im September 1902 entstandenen ›Studie‹ »Die Hungernden« (1903) findet sich eine Vorstufe zu dieser Stelle: »Ein brennender, still bohrender Schmerz war in seiner Brust und zugleich eine unsinnige, unvernünftige Erwartung ... Sie müßte es sehen, müßte begreifen, müßte kommen, ihm folgen, wenn auch aus Mitleid nur, müßte ihn aufhalten auf halbem Wege und zu ihm sagen: Bleib da, sei froh, ich liebe dich. Und er ging ganz langsam, obgleich er wußte, so zum Lachen gewiß wußte, daß sie keineswegs kommen werde, die kleine tanzende, plaudernde Lilli ...« (GW VIII, S. 268.) Thomas Mann hat noch eine Reihe weiterer Sätze und Wendungen z. T. wörtlich aus der ›Studie‹ (über die nach dem ›Leben‹ Hungernden) in den »Tonio Kröger« übernommen.

was verschlug das?: was machte das aus, was half das?

3

Die alte Familie ... Firma ward ausgelöscht: Im Dezember 1890 starb Thomas Manns Großmutter, und das traditionsreiche Familienhaus in der Mengstraße wurde verkauft. Nach dem Tod des Vaters im Oktober 1891 erfolgten Auflösung der »mehr als hundertjährigen Getreidefirma« und Verkauf des elterlichen Hauses in der Beckergrube (vgl. GW XI, S. 100). – »Was in den ›Buddenbrooks‹ durch vier Generationen und über viele hundert Seiten hin abgehandelt worden war, erscheint hier zur knapp formulierten Vorgeschichte komprimiert, geschrieben aus der Sicht dessen, für den sie bereits bedeutungslos geworden ist [...]. ›Tonio Kröger‹ ist nicht nur die Geschichte Thomas Manns, wiederum ins Spielerisch-Fiktive übersetzt, sondern zugleich die fortgesetzte Geschichte des kleinen Hanno Buddenbrook.« (Koopmann, »Thomas Mann. Konstanten«, S. 22 f.) Vgl. Thomas Manns Brief vom 1. März 1923 an Félix Bertaux: »Meine Herkunft ist ja in den ›Buddenbrooks‹, deren autobiographische Fortsetzung gewissermaßen ›Tonio Kröger‹ ist, mit übermäßiger Genauigkeit beschrieben.« (Briefe I, S. 206.)

Tonios Mutter ... Fernen folgte: Thomas Manns Mutter verließ im Frühjahr 1892 mit den drei jüngsten Kindern Lübeck, »um sich im Süden Deutschlands, in München, niederzulassen« (GW XI, S. 413). Den Übersiedlungsentschluß der Mutter, die sich nicht erneut vermählte, deutet ein Brief aus dem Jahr 1939: »Unterströmungen von Neigungen zum ›Süden‹, zur Kunst, ja zur Bohême waren offenbar immer vorhanden gewesen und schlugen nach dem Tode ihres Mannes und der Änderung der Verhältnisse durch, was die prompte Übersiedlung nach München erklärt.« (Briefe II, S. 101.) Vgl. Kap. 1, Anm. zu *Consuelo.*

das Mal an seiner Stirn: das umgedeutete ›Kainszeichen‹ (1 Mose 4,15; vgl. Offb. 7,3 und 14,1–4): Signum des Künstlers, Zeichen seines *rätselhaften Gegensatzes zu den anderen, den Gewöhnlichen* (Kap. 4; vgl. dort auch Anm. zu *Die Literatur ...*). – In Iwan Gontscharows erstmals 1884 übersetztem Roman »Eine alltägliche Geschichte« äußert der schriftstellernde Held Alexander: »Der Dichter ist mit einem besonderen Zeichen gestempelt. In ihm verbirgt sich die Anwesenheit einer höheren Kraft ...« (Gontscharow, »Gesammelte Werke«, Bd. 1, Berlin 1909, S. 103.) Gontscharow-Lektüre Thomas Manns ist für September 1899 bezeugt (vgl. GW XI, S. 381); s. Kap. 4, Anm. zu *Lisaweta Iwanowna.*

lebte in großen Städten und im Süden: Im März 1894 nach München übergesiedelt, unternahm Thomas Mann im Sommer 1895 eine erste Reise nach Italien; es folgte ein längerer Italienaufenthalt mit Stationen in Venedig, Rom und Palestrina (Oktober 1896–April 1898).

Gesundheit geschwächt ... verschärfte sich seine Künstlerschaft: In »Königliche Hoheit« (1909) äußert der Dichter Martini: »Meine Gesundheit ist zart, – ich darf nicht sagen ›leider‹, denn ich bin überzeugt, daß mein Talent mit meiner Körperschwäche unzertrennlich zusammenhängt.« (GW II, S. 177.) In seinem Dostojewski-Essay von 1946 zitiert Thomas Mann anläßlich der Erörterung des »Phänomens der Krankheit als Größe oder der Größe als Krankheit« u. a. folgende Äußerung Nietzsches: »Es sind Ausnahme-Zustände, die den Künstler bedingen: alle die mit krankhaften Erscheinungen tief verwandt und verwachsen sind: so daß es nicht möglich scheint, Künstler zu sein und nicht krank zu sein.« (GW IX, S. 663 f.) Zu Nietzsches »Apologie der Krankheit« vgl. das Kap. »Philoktet« in Ernst Bertrams »Nietzsche. Versuch einer Mythologie« (1918), Bonn [8]1965; zum entspr. Problem im Werk Thomas Manns: Fernand Hoffmann, »Thomas Mann als Philosoph der Krankheit«, Luxemburg 1975.

zum ersten Male hervortrat ... wertvoll gearbeitetes Ding: Wohl eine autobiographische Anspielung: Im Oktober 1894 war in der Wochenschrift »Die Gesellschaft« Thomas Manns erste Erzählung, eine Liebesnovelle mit dem Titel »Gefallen«, erschienen, die ihm »den ersten literarischen Erfolg« gebracht und »auch einen warmherzigen und ermutigenden Brief Richard Dehmels« eingetragen hatte (GW XI, S. 101; vgl. »Briefe an Otto Grautoff«, S. 20 f. und 26).

als lebendigen Menschen für nichts achtet, nur als Schaffender in Betracht zu kommen wünscht: Eine signifikante Parallele findet sich in einem Brief an Katja Pringsheim (Juni 1904): »Sie wissen, welch kaltes, verarmtes, rein darstellerisches, rein repräsentatives Dasein ich Jahre lang geführt habe; wissen, daß ich mich Jahre, w i c h t i g e Jahre lang als Menschen für nichts geachtet und nur als Künstler habe in Betracht kommen wollen« (Briefe I, S. 45).

4

Lisaweta Iwanowna: Die »(durchaus fingierte) russische Freundin« Tonios (GW XI, S. 115) erhielt ihren Namen wohl nach der noch jungen, sehr sympathischen (angeheirateten) Tante Alexanders in Gontscharows »Alltäglicher Geschichte« (s. Kap. 3, Anm. zu *das Mal* ...). Nach einer herben Liebesenttäuschung des Helden wird die Rolle der Tante gleich zu Beginn des zweiten Romanteils wie folgt charakterisiert: »Lisaweta Iwanowna tröstete ihn mit der ganzen Zärtlichkeit eines Freundes und einer Schwester, und er überließ sich gern dieser lieben Vormundschaft.« (S. 277.) Eine vergleichbare Funktion nimmt Lisaweta gegenüber Tonio wahr.

Schellingstraße: Straße im Münchner Künstlerviertel Schwabing.

Fixativ: farblose Harz- oder Paraffinlösung, die aufgespritzt wird, um Zeichnungen in Kohle, Kreide und Pastell unverwischbar zu machen.

wie er ... ein wenig jenseits der Dreißig: Das Tanzstundenerlebnis hatte Tonio als Sechzehnjähriger. Der raffende Bericht in Kap. 3 hat demnach einen Zeitraum von mehr als 14 Jahren überbrückt. Vgl. Kap. 5, Anm. zu *nach dreizehn Jahren.*

auch mich macht der Frühling nervös ... man empfindet: Vgl. folgende Notiz aus dem Frühjahr 1902: »Tonio Kröger: Frühlingsempfindung. Unter Collegen: der Frühling als scheußliche Jahreszeit. Auch ihn macht er nervös, aber er hat doch auch ›Storm'sche‹ Empfindungen dabei.« (Zit. nach: Paul Scherrer / Hans Wysling, »Quellenkritische Studien zum Werk Thomas Manns«, Bern/München 1967, Thomas-Mann-Studien I, S. 53.) [Im folgenden zit. als: Thomas-Mann-Studien I.]

das ästhetische Gebilde: das ›künstlerische‹ Werk (griech. »αἰσθητός« ›sinnlich wahrnehmbar‹).

künstlerisch sind bloß die Gereiztheiten ... Nervensystems: Die durch Leiden erzeugte »intellektuale Reizbarkeit«

nennt Nietzsche in der »Fröhlichen Wissenschaft« (1882) »beinahe so viel als Genie, und jedenfalls die Mutter alles Genies« (vgl. Ernst Bertram, »Nietzsche. Versuch einer Mythologie«, Bonn [8]1965, S. 146).
Batuschka: (russ.) Väterchen.
Lob- und Dankschreiben ... ohne am Menschlichen teilzuhaben: Vgl. den Brief an Paul Ehrenberg vom 28. Januar 1902, dem Thomas Mann eine am 24. Januar in der »Wiener Abendpost« erschienene »Buddenbrooks«-Rezension von Richard Schaukal (1874–1942) beifügt: »Was mich betrifft, so lese ich alle diese Ruhmes-Wische mit einem Lächeln, das von Fall zu Fall melancholischer wird. Auch der Verfasser dieses (übrigens gut geschriebenen) Artikels gehört zu den Vielen, deren Freundschaft par distance ich mir erobert habe, und die mit einem wahren Feuereifer für mein Talent eintreten, während sie – wahrscheinlich: w e i l sie mich, den Menschen, nicht kennen. Ich stelle alle diese Trophäen ja nur deshalb mit einer scheinbar so großen Genugthuung im Kreise um mich herum, weil sie mich für den gänzlichen Mangel an menschlicher, persönlicher Zuneigung, Zutraulichkeit, Anhänglichkeit, Freundschaft entschädigen sollen, der, meinem Gefühle nach, mir gegenüber besteht und der, fürchte ich, allmählich auch die produzierenden Kräfte in mir zu lähmen beginnt. In Wahrheit bin ich aller dieser Lobpreisungen meines Talentes entsetzlich überdrüssig, denn sie entschädigen mich eben n i c h t für das Fehlende. W o ist der Mensch, der zu mir, dem Menschen, dem nicht sehr liebenswürdigen, launenhaften, selbstquälerischen, ungläubigen, argwöhnischen aber empfindenden und nach Sympathie ganz ungewöhnlich heißhungrigen Menschen, Ja sagt – ?« (Briefe III, S. 432).
mimt: (griech.) als Schauspieler wirkt.
präparierten päpstlichen Sänger: Gemeint sind die Kastraten der päpstlichen Kapelle; durch Kastration bleibt die Alt-Sopran-Lage der Knabenstimme erhalten. Der Stelle liegt folgende Notiz zugrunde: »Der Künstler als Castrat. Er

singt sehr schön, jedoch ––« (zit. nach: »Thomas-Mann-Studien I«, S. 58). – Die Äußerung Tonios – als Antwort auf die Frage, ob *der Künstler überhaupt ein Mann* sei – wirft ein bezeichnendes Licht auf jene Szene in Kap. 2, in der Tonio beim Tanzen *unter die Damen geraten* ist.

Papyros: russische Zigaretten.

Die Literatur ... ein Fluch ... Zeichen an Ihrer Stirne: Eine bemerkenswerte Parallele findet sich in Ferdinand Freiligraths 1836 entstandenem Gedicht »Bei Grabbes Tod«: »Der Dichtung Flamm' ist allezeit ein Fluch! / [...] Und Male brennt sie; – durch die Mitwelt geht / Einsam mit flammender Stirne der Poet; / Das Mal der Dichtung ist ein Kainsstempel! / Es flieht und richtet nüchtern ihn die Welt!« – Vgl. auch Kap. 3, Anm. zu *das Mal ...* sowie GW VIII, S. 265.

In den Zügen eines Fürsten ... Ähnliches beobachten: Am 5. Dezember 1903 schrieb Thomas Mann an Walter Opitz: »Man führt [als Künstler], möchte ich sagen, ein symbolisches, ein repräsentatives Dasein, ähnlich einem Fürsten, – und, sehen Sie: in diesem Pathos liegt der Keim zu einer ganz wunderlichen Sache, die ich einmal zu schreiben gedenke, einer Fürsten-Novelle, einem Gegenstück zu ›Tonio Kröger‹, das den Titel führen soll: ›Königliche Hoheit‹« (Briefe I, S. 39 f.). In einem am selben Tag an den Bruder Heinrich gerichteten Brief spricht Thomas Mann von »der ›Königlichen Hoheit‹ des Künstlers« (»Deutsche Vierteljahrsschrift für Literaturwissenschaft und Geistesgeschichte« 55, 1981, S. 653).

Attaché: zu frz. »attacher« ›festmachen, verbinden‹; beigeordneter diplomatischer Beamter, Gehilfe von Gesandtschaften, Konsulaten.

sublimen: (lat.) verfeinerten, ins Erhabene gesteigerten.

morbides: kränklich, schwach, weich, krankhaft; zu lat. »morbus« ›Krankheit‹.

›Tristan und Isolde‹: Diese Oper Richard Wagners hat Thomas Mann 1927 das »höchste und gefährlichste« von dessen Werken genannt (GW X, S. 895). 1911 schrieb er:

»Zu keiner Zeit aber, auch nicht, als ich keine ›Tristan‹-Aufführung des Münchner Hoftheaters versäumte, wäre mein Bekenntnis über Wagner eigentlich ein Bekenntnis zu Wagner gewesen. Als Geist, als Charakter schien er mir suspekt, als Künstler unwiderstehlich, wenn auch tieffragwürdig in bezug auf den Adel, die Reinheit und Gesundheit seiner Wirkungen« (GW X, S. 840 f.). Vgl. die »Erläuterungen und Dokumente« zur 1901 entstandenen Erzählung »Tristan« (Reclams Universal-Bibliothek, 8115).

Dilettant: Liebhaber einer Kunst oder Wissenschaft, der sich ohne schulmäßige Ausbildung (laienhaft) damit befaßt (von ital. »dilettare« ›ergötzen‹). Für Tonio ist ›Dilettant‹ der Empfindende, der ›Lebendige‹, der glaubt, *obendrein bei Gelegenheit einmal ein Künstler sein zu können* (so wenig später im selben Kap.). Thomas Manns Beschäftigung mit dem ›Dilettantismus‹ ist wesentlich bestimmt durch die Auseinandersetzung mit dem frz. Schriftsteller Paul Bourget (1852–1935), der in seinen Essays eine Typologie des ›Dilettanten‹ entworfen hat. Der Einfluß Bourgets, den Thomas Mann schon im Dezember 1895 – neben Heine, Goethe, Nietzsche und Ernest Renan – als einen seiner »Lieblingsschriftsteller« nannte, zeigt sich besonders in den Erzählungen »Enttäuschung« (1898) und »Der Bajazzo« (1897); vgl. Schröter, »Thomas Mann«, S. 35–44; Mendelssohn, »Der Zauberer«, S. 182–184.

Antwort des Horatio ... genau betrachten: Diese Worte spricht Horatio in der berühmten Kirchhofszene zu dem über Vergänglichkeit philosophierenden Hamlet (»Hamlet« V,1).

Die reinigende, heiligende ... als Heiliger: Dieselben Worte legt Thomas Mann rund 20 Jahre später im »Zauberberg« dem ›Humanisten‹ Settembrini in den Mund (vgl. GW III, S. 724).

russische Literatur ... heilige Literatur: In den »Betrachtungen eines Unpolitischen« (1918) schreibt Thomas Mann:

»Ist nicht der Russe der menschlichste Mensch? Ist seine Literatur nicht die menschlichste von allen, – heilig vor Menschlichkeit? Rußland war in tiefster Seele immer demokratisch, ja christlich-kommunistisch, d. h. brüderlich gesonnen [...]. Ein Däne, Herman Bang, war es, der die russische Literatur zuerst ›die heilige‹ genannt hat, – was ich nicht wußte, als ich sie im ›Tonio Kröger‹ ebenfalls so nannte.« (GW XII, S. 437 f.; vgl. auch GW XI, S. 320.) Die Lektüre von Werken des dänischen Schriftstellers Herman Bang (1857–1912) ist durch einen Brief an Kurt Martens vom 16. Oktober 1902 belegt (Briefe I, S. 35 f.); ob es sich im »Tonio Kröger« um eine (unbewußte) Reminiszenz handelt, ist ungeklärt.

Alles verstehen hieße alles verzeihen?: Nach einer in der Regel auf Madame de Staël (1766–1817) zurückgeführten redensartl. Wendung: ›Tout comprendre c'est tout pardonner‹.

Erkenntnisekel ... der Fall Hamlets: Anläßlich eines Gesprächs mit Paul Ehrenberg notierte Thomas Mann im Frühjahr 1902:

»›Hamlet –: seine enthusiastische Schwäche, die Hyperästhesie seines Gewissens, seine Reflectionskrankheit, seine hitzige Phantasie und sein Versagen der Wirklichkeit gegenüber, sein Pessimismus, sein Erkenntnis-Ekel (was Ophelia, die Frauen, die Höflinge, das ganze Dasein betrifft) (es genügt ihm, zu durchschauen, um angewidert zu sein)

––– ecco ego!‹

P. antwortete nicht ohne Wichtigkeit:

›Das ist wahr ... Er hält einem einen Spiegel vor!‹

Und meine Seele stimmte ein ungeheures Gelächter an ... Mein guter Junge! Niemals war er mir ferner! Er gleicht Hamlet wie ich dem Herkules!« (Zit. nach: »Thomas-Mann-Studien I«, S. 31.)

In »Freud und die Zukunft« schreibt Thomas Mann 1936: »Das Wort ›Erkenntnisekel‹ steht im ›Tonio Kröger‹. Es hat gut nietzsche'sches Gepräge, und seine Jünglingsschwermut deutet auf das Hamlethafte in Nietzsche's Natur, in der die eigene sich spiegelte, – einer Natur, zum Wissen berufen, ohne eigentlich dazu geboren zu sein. – Es sind jugendliche Schmerzen und Traurigkeiten, von denen ich da spreche« (GW IX, S. 481; vgl. auch GW XI, S. 110 f.). Direkt angeregt sein dürfte die Erörterung im »Tonio Kröger« durch folgende Passage aus dem siebten Abschnitt von Nietzsches »Geburt der Tragödie« (1872): »In diesem Sinne hat der dionysische Mensch Ähnlichkeit mit Hamlet: beide haben einmal einen wahren Blick in das Wesen der Dinge getan, sie haben erkannt, und es ekelt sie zu handeln; denn ihre Handlung kann nichts am ewigen Wesen der Dinge ändern, sie empfinden es als lächerlich oder schmachvoll, daß ihnen zugemutet wird, die Welt, die aus den Fugen ist, wieder einzurichten. Die Erkenntnis tötet das Handeln, zum Handeln gehört das Umschleiertsein durch die Illusion – das ist die Hamletlehre, nicht jene wohlfeile Weisheit von Hans dem Träumer, der aus zuviel Reflexion, gleichsam aus einem Überschuß von Möglichkeiten, nicht zum Handeln kommt; nicht das Reflektieren, nein! – die wahre Erkenntnis, der Einblick in die grauenhafte Wahrheit überwiegt jedes zum Handeln antreibende Motiv [. . .]. In der Bewußtheit der einmal geschauten Wahrheit sieht jetzt der Mensch überall nur das Entsetzliche oder Absurde des Seins, jetzt versteht er das Symbolische im Schicksal der Ophelia, jetzt erkennt er die Weisheit des Waldgottes Silen: es ekelt ihn.« (Nietzsche, »Die Geburt der Tragödie«, Reclams Universal-Bibliothek, 7131 [2], S. 50 f.)

Blasiertheit ... mutlos ist: In dieser Passage ist eine Gesprächsnotiz aus dem Frühjahr 1902 verarbeitet: »Die geistige Blasirtheit des Litteraten. P[aul Ehrenberg] sprach davon, daß der ›weibliche Reiz‹ doch nur eine Äußerungsform der Sinnlichkeit sei. Ich (ironisch): Wie aufgeklärt du bist! Er: Hochmütiger Schriftsteller! ... Die ironische Müdigkeit und Gleichgültigkeit aller Wahrheit gegenüber. Alle Erkenntnis ist alt und langweilig. – Man kann vor geistigem Hochmuth für dumm gelten ... – Langweiligkeit u. Hoffnungslosigkeit unter Litteraten.« (Zit. nach: »Thomas-Mann-Studien I«, S. 54.)

mit allen Hunden gehetzt: redensartl. für: so erfahren, so schlau sein, daß man sich allen Gefahren, Unannehmlichkeiten, Herausforderungen zu entziehen weiß.

Scharlatan: (ital., frz.) Marktschreier, Schwätzer, Schwindler.

Nihilist: (zu lat. »nihil« ›nichts‹) Vertreter einer Weltanschauung, die Werte und Normen des Handelns und jede irgendwie geartete Gesellschaftsordnung negiert, in letzter Konsequenz jeden Sinn des Daseins leugnet. Geprägt wurde »der geistig-politische Typus des Nihilisten« in Turgenjews Roman »Väter und Söhne« von 1862 (vgl. GW IX, S. 248).

alles Handeln ist Sünde in den Augen des Geistes: Vgl. Goethes Maxime: »Der Handelnde ist immer gewissenlos; es hat niemand Gewissen als der Betrachtende.« (Von Thomas Mann zitiert GW XII, S. 579.)

Man hat gesagt ... daß ich das Leben hasse ... verabscheue: Reaktion auf die zeitgenössische Kritik: So hatte im Dezember 1901 etwa Kurt Martens in bezug auf die frühen Erzählungen geschrieben: »Auffällig war an den Novelletten bereits die strenge Weltanschauung, ein Abscheu vor dem Leben, der sich selber als schwächlich verachtet und bekämpft« (»Das litterarische Echo« 4, 1901/02, H. 6, Sp. 380).

Cesare Borgia: Sohn Papst Alexanders VI., 1492–98 Erzbischof von Valencia; ein rücksichtsloser Gewaltmensch – Jacob Burckhardt nannte ihn den »großen Verbrecher« –, der auch in der eigenen Familie nicht vor Morden zurückschreckte.

trunkene Philosophie ... verführerischen Banalität: Die Wendung *trunkene Philosophie* bezieht sich auf Nietzsche, dessen Modell des ›Übermenschen‹ der – von Cesare Borgia repräsentierte – Herrenmensch der Renaissance ist. Dies ergibt sich aus folgender Notiz zu dieser Stelle: »Nicht Cesare Borgia ist, wie Nietzsche will, ›das Leben‹! Sondern der Typus X, das Leben in seiner verführerischen Banalität!« (Zit. nach: »Thomas-Mann-Studien I«, S. 53.) Daß die Absage Tonios an Renaissance- und Übermenschenkult die des Dichters selbst ist, erhellt aus folgender Passage der »Betrachtungen eines Unpolitischen« (1918): »Es sind in geistig-dichterischer Hinsicht zwei brüderliche Möglichkeiten, die das Erlebnis Nietzsche's zeitigt. Die eine ist jener Ruchlosigkeits- und Renaissance-Ästhetizismus, jener hysterische Macht-, Schönheits- und Lebenskult, worin eine gewisse Dichtung sich eine Weile gefiel. Die andere heißt Ironie, – und ich spreche damit von meinem Fall. In meinem Falle wurde das Erlebnis der Selbstverneinung des Geistes zugunsten des Lebens zur Ironie, – einer sittlichen Haltung, für die ich überhaupt keine andere Umschreibung und Bestimmung weiß als eben diese: daß sie die Selbstverneinung, der Selbstverrat des Geistes zugunsten des Lebens ist, – wobei unter dem ›Leben‹, ganz wie beim Renaissance-Ästhetizismus, nur in einer anderen, leiseren und verschlageneren Gefühlsnuance, die Liebenswürdigkeit, das Glück, die Kraft, die Anmut, die angenehme Normalität der Geistlosigkeit, Ungeistigkeit verstanden wird.« (GW XII, S. 25 f.) – Mit der Wendung »zwei brüderliche Möglichkeiten« spielt Thomas Mann auf seinen Bruder Heinrich an, der seiner Auffassung nach um die Jahrhundertwende – vor allem in der Romantrilogie »Die Göttinnen« (1902) – der »hysterischen Renaissance« gehuldigt hatte (vgl. GW XII, S. 540).

Es ist widersinnig ... Poesie verführen wollen!: Diese Passage zitiert Thomas Mann in den »Betrachtungen eines Unpolitischen« im Zusammenhang einer Diskussion des Begriffs ›Leben‹: »Dieser Begriff des Lebens bekommt nationale Aktualität ums Jahr 1900, als der Fruchtbarkeitssturz einsetzt. Er ist ein konservativer Begriff, und kaum ist der Verfallsroman [»Buddenbrooks«] fertig, als konservativer Gegenwille in Form von Ironie sich anmeldet, als diese Wörter ›Leben‹ und ›konservieren‹ in meiner Produktion eine Rolle zu spielen beginnen. Ich schrieb: [Es folgt das Zitat, wobei der erste Satz an den Schluß gerückt ist.] Man sieht, ich wandte jene Begriffe und Wörter auf rein moralisch-geistige Dinge an, aber unbewußt war ganz ohne Zweifel dabei politischer Wille in mir lebendig, und noch einmal zeigt sich, daß man nicht den politischen Aktivisten und Manifestanten zu machen braucht, daß man ein ›Ästhet‹ sein und dennoch mit dem Politischen tiefe Fühlung besitzen kann.« (GW XII, S. 587.)

Plötzlich (dies ist mir begegnet): Der folgenden Schilderung liegt ein wirklicher Vorfall zugrunde, wie sich aus einer Notiz zum Romanplan »Die Geliebten« ergibt: »Die Geliebten: Scene bei Prickens mit Lieutenant Sorge, der etwas vorliest. Mitleid und Komik.« (Zit. nach: »Thomas-Mann-Studien I«, S. 52.) Im Münchner Salon der kunstsinnigen Gattin eines Direktor Pricken traf sich der Freundeskreis der Brüder Ehrenberg.

Lorbeerbaume der Kunst: Der Lorbeer war in der Antike Apollo geweiht, dem Gott der Dichtung und Musik. Mit der Verleihung des Lorbeerkranzes an Dichter griff die Renaissance antike Bräuche auf.

Ich bin erledigt!: In ironischem Rückbezug auf die wenige Seiten zuvor in bezug auf den Literaten gemachte Aussage: *Er wird Ihnen Ihre Angelegenheit analysieren und formulieren [...] wird Ihnen das Ganze für alle Zeit erledigen*; vgl. auch zwei Absätze danach: *ausgesprochen und ›erledigt‹*.

5

belezza: (ital.) Schönheit. Das Wort wird von Thomas Mann stets in eindeutig negativem Sinn verwendet; sich gegen den »Renaissance-Ästhetizismus gewisser ›Nietzscheaner‹« abgrenzend, schreibt er z. B. in den »Betrachtungen eines Unpolitischen« (1918): »die ›Schönheit‹, wie jene Dionysier sie meinten und mit steiler Gebärde verherrlichten, erschien mir von jeher als ein Ding für Romanen und Romanisten, als ein ›Stück Süden‹ ziemlich verdächtiger, verächtlicher Art« (GW XII, S. 541). Als das, was er selber sei, was er wolle und nicht wolle, nannte er: »nicht südliche Schönheitsruhmredigkeit, sondern den Norden, Ethik, Musik, Humor« (GW XI, S. 381). Vgl. die Äußerung über die *dämonische Schönheit* im Brief an Lisaweta (Kap. 9).

nach Dänemark: Der Argumentation Tonios liegt folgende Notiz zugrunde: »Beim Vorsatz, nach Dänemark zu gehen: ›Habe immer für Dänemark geschwärmt, habe es vom Vater, Litteratur, Essen, – Vornamen, z. B. I n g e b o r g.‹ (Um die beiden Lieben zu Dänemark in Beziehung zu bringen)« (zit. nach: »Thomas-Mann-Studien I«, S. 59).

die Bücher, die dort oben geschrieben werden: Thomas Mann dachte hier wohl vor allem an Gustav Frenssens »Jörn Uhl« (1901) und Romane Herman Bangs, wie der Brief vom 16. Oktober 1902 an Kurt Martens nahelegt: »›Jörn Uhl‹ hat mich entzückt. Diese Mischung von Feierlichkeit und Humor ist wundervoll! Jetzt lese ich beständig Herman Bang, dem ich mich tief verwandt fühle.« (Briefe I, S. 36.)

Terrasse von Kronborg ... ›Geist‹ zu Hamlet kam: Schloß Kronborg bei Helsingör (auf der dän. Insel Seeland) ist Schauplatz von Shakespeares Tragödie »Hamlet«. Auf der Terrasse des königlichen Schlosses erscheint der Geist des verstorbenen Königs dem Prinzen Hamlet und fordert ihn auf, den an ihm begangenen Mord zu rächen. Damit wird »eine große Tat auf eine Seele gelegt, die der Tat nicht gewachsen ist«, so Goethes Deutung in »Wilhelm Meisters Lehrjahre« (IV,13).

nach dreizehn Jahren: Tatsächlich liegen nur fünfeinhalb Jahre zwischen Thomas Manns Übersiedlung nach München und der im September 1899 unternommenen Reise über Lübeck nach Dänemark, die den autobiographischen Hintergrund der folgenden Kapitel bildet. Die Abwesenheitsfrist ist aus Heines »Deutschland. Ein Wintermärchen« (1844) übernommen. In dieser Verssatire verarbeitete Heine Eindrücke seiner ersten Reise »nach dem Norden« (Hamburg) nach »dreizehn Lebensjahren im Exile« (Paris); vgl. V. Hansen, »Thomas Manns Heine-Rezeption«, S. 102 f.

6

Brücke ... mythologische Statuen: die Lübecker ›Puppenbrücke‹, zwischen Bahnhof und Holstentor.

Ein krummbeiniger Mann: Einem Schüler schrieb Thomas Mann am 8. April 1934: »Der krummbeinige Mann, den Tonio Kröger bei seiner Heimkehr in die alte Vaterstadt die Laternen anzünden sieht, hat nichts mit seinem Schulkameraden Jimmerthal zu schaffen. Ich ziehe für meinen Teil aus Ihrer Anfrage die Lehre, daß es gefährlich ist, zwei verschiedenen Personen einer Geschichte ein und dasselbe körperliche Merkmal, in diesem Fall die krummen Beine, zu verleihen.« (Zit. nach: »Dichter über ihre Dichtungen« I, S. 162.)

Hotel ... Löwen: Thomas Mann stieg im altrenommierten Hotel ›Stadt Hamburg‹ ab, dessen Eingang zwei »rührend komische kleine Löwen« bewachen (Viktor Mann, »Wir waren fünf«, Konstanz 1949, S. 376).

Honneurs machte: die Gäste begrüßte (frz. »honneurs« ›Ehrenbezeigungen‹).

hierarchisch: zu griech. »hieros« ›heilig‹ und »arche« ›Herrschaft‹; ›Hierarchie‹ war zunächst die ›Herrschaft der Heiligen‹, dann allg.: Rangordnung.

Rosetten: (frz., ›Röschen‹) rosenförmige Schleifchen.

pittoresker: malerischer (zu ital. »pittore« ›Maler‹).

Arkaden: Mauerbogen auf Säulen oder Pfeilern in fortlaufender Reihe (zu lat. »arcus« ›Bogen‹).

Marktplatz ... vor einem Hause: das Haus, in dem einst Inge Holm wohnte (vgl. den Anfang von Kap. 2).

vors Tor: das Mühlentor, das vom Marktplatz aus gesehen in entgegengesetzter Richtung zu Mengstraße und Beckergrube liegt.

am Lindenplatze ... einer der hübschen Villen: die Villa von Hans Hansens Eltern (vgl. Ende von Kap. 1).

Haus seiner Eltern ... frommen Spruch: Zunächst notierte Thomas Mann: »Tonio Kröger in Großmutters Haus, wo jetzt die Volks b i b l i o t h e k ist. (Litteratur!)« (Zit. nach: »Thomas-Mann-Studien I«, S. 51.) Dann entschied er sich dazu, das Haus der Großeltern in der Mengstraße (›Buddenbrook‹-Haus) mit dem Elternhaus in der Beckergrube zu verschmelzen. Der *fromme Spruch* über dem Eingang des ›Buddenbrook‹-Hauses lautet: »Dominus providebit« (vgl. »Buddenbrooks« I,9 sowie GW XI, S. 451).

Windfangtür: ›Windfang‹ ist ein kleiner Vor- oder Einbau bei einer Eingangstür, der Zug und Wärmeverlust verhindern soll; die ›Windfangtür‹ ist meist eine Pendel- oder Drehtür.

Volksbibliothek: Anläßlich einer Erörterung des Beziehungsgefüges im »Tod in Venedig« (1912) schreibt Thomas Mann: »Alles stimmte auf eine besondere Weise, und was mich dabei an Erfahrungen mit dem ›Tonio Kröger‹ erinnerte, war die eingeborene Symbolik und Kompositionsgerechtheit auch unscheinbarer, durch die Wirklichkeit gegebener Einzelheiten. Man sollte denken, daß in jener Jugendnovelle Szenen wie die in der Volksbibliothek oder die mit dem Polizisten zweckhaft, um der Idee, des Witzes willen erdacht seien. Sie sind es nicht, sind einfach der Wirklichkeit abgenommen.« (GW XI, S. 124.)

Der Garten lag wüst: Der verwüstete Garten ist – in der Literatur der Jahrhundertwende häufig begegnendes – Symbol für das zerstörte, verlorene ›Paradies der Kindheit‹. Vgl. dazu: Thomas Koebner, »Der Garten als literarisches Motiv: Ausblick auf die Jahrhundertwende«; in: »Park und Garten im 18. Jahrhundert«, hrsg. von der

Arbeitsstelle 18. Jh., Gesamthochschule Wuppertal, Heidelberg 1978, S. 141–192.

kannte ihn ... aus alter Zeit: Besitzer des Hotels ›Stadt Hamburg‹ war der Vater eines ehemaligen Schulkameraden Thomas Manns.

Polizist: Daß der Polizistenszene ein wirklicher Vorfall zugrunde liegt, ergibt sich aus dem oben zu *Volksbibliothek* zitierten Zeugnis. In einem Brief aus dem Jahr 1926 erläutert Thomas Mann, daß ihm »E r f i n d u n g künstlerisch niemals sehr hoch gestanden« und er »die D e u t u n g d e s E r l e b n i s s e s immer für die eigentliche produktive Leistung gehalten« habe. Er bestätigt dort ausdrücklich: »So ist z. B. die offenbar symbolische Verhaftungsszene im ›Tonio Kröger‹ [...] genau der Reisewirklichkeit nachgeschrieben.« (GW XIII, S. 55.) Die »eingeborene Symbolik und Kompositionsgerechtheit« des Vorfalls liegt auf der Hand: Von den Vertretern der bürgerlichen Ordnung wird der Künstler als Hochstapler verdächtigt, und somit erscheint der im Gespräch mit Lisaweta thematisierte Antagonismus von bürgerlicher Normalität und Künstlertum humoristisch exemplifiziert, in einen äußeren Vorgang umgesetzt. Das erklärt Tonios stilles Einverständnis mit dem Vorgehen dieser *Männer der bürgerlichen Ordnung*; vgl. auch S. 45, Anm. 6.

die Korrektur: die Korrekturfahnen, ein vorläufiger Druckabzug, den der Autor zur Prüfung und evtl. Berichtigung erhält.

Individium: statt ›Individuum‹ (lat.; ›Einzelwesen‹); hier – wie häufig – verächtlich im Sinne von ›Kerl, Lump‹.

sich ... legitimieren: mlat. »legitimare« ›sich durch ein amtliches Dokument ausweisen‹.

Porteföhch: mundartl. entstellt: frz. »portefeuille« ›Brieftasche‹.

Thomas Mann, 1900
(Foto: Thomas-Mann-Archiv Zürich)

7

Bugspriet: über das Schiffsvorderteil hinausragender Mast.

Menagerie: (frz.) Tierschau, Tiergarten.

Kreischen einer Gartenpforte: Vgl. die Szene vor Hansens Villa (Ende von Kap. 1).

Aufsatz eines berühmten französischen Schriftstellers ... feines Geschwätz: Eine briefliche Anfrage zu dieser Stelle hat Thomas Mann am 21. Juli 1954 wie folgt beantwortet: »Das ›feine Geschwätz‹ bezieht sich auf einen Aufsatz von Paul Bourget über ›kosmologische und psychologische Weltanschauung‹, aber wo der zu finden ist, das weiß ich längst nicht mehr.« (Briefe III, S. 351.) Der schwärmerisch-geschwätzige Gesprächspartner, ein Kaufmann aus Hamburg, wird wenig später als Dilettant eingestuft: *Sicherlich schreibt er Verse* [...] , *tief empfundene Kaufmannsverse* ... (vgl. auch Kap. 4, Anm. zu *Dilettant*). In der durch Bourget beeinflußten Erzählung »Enttäuschung« (1898) legt Thomas Mann dem ›Enttäuschten‹ die Worte in den Mund: »Es ist meine Lieblingsbeschäftigung, bei Nacht den Sternenhimmel zu betrachten; denn ist das nicht die beste Art, von der Erde und vom Leben abzusehen?« (GW VIII, S. 68.) Diese Parallele – der Kaufmann nennt, *demütig und zerknirscht zum Firmament* empornickend, die Menschen *Gewürm* – bietet wohl einen Anhaltspunkt dafür, wodurch die Assoziation Tonios ausgelöst wird.

Steamer: Das engl. Wort für ›Dampfer‹ wurde in die norddt. Mundarten übernommen.

zutunlichen: zutraulichen.

Du meiner Jugend wilder ... sein Herz lebte: Anläßlich seiner Jungfernfahrt über den Atlantik erinnert sich Thomas Mann 1934: »Ich gedachte heute morgen der Verse, die Tonio Kröger nicht fertig zu schmieden wußte, da [!] sein Herz lebte.« (GW IX, S. 434.) Vgl. S. 94, Anm. 15.

Möen, die Insel: südöstl. von Seeland, mit Kreideklippen.

des Königs Neumarkt ... ›Pferd‹ in seiner Mitte: der Kopenhagener ›Königsmarkt‹ mit dem Reiterstandbild König Christians V. (1670–99).

Thorwaldsens ... Bildwerken: Bertel Thorvaldsen (1768 bis 1844), neben Antonio Canova der bedeutendste Bildhauer des Klassizismus. Für seine Werke wurde 1839–48 in Kopenhagen ein eigenes Museum erbaut; einige seiner Plastiken befinden sich in der 1811–29 errichteten *Frauenkirche*: zwölf Apostelfiguren und ein Taufstein, der als sein Meisterwerk angesehen wird.

runden Turm: Dieses Bauwerk, 35 m hoch und 15 m im Durchmesser, wurde 1637–42 unter König Christian IV. als Sternwarte errichtet.

Tivoli: im Jahr 1843 angelegter Vergnügungspark.

Sund: der Öresund, die Meerenge zwischen dem dän. Seeland und dem südschwed. Schonen.

8

Aalsgaard: kleiner Badeort am Sund (nahe Helsingör); wie die erhaltene Hotelrechnung erweist, hielt sich Thomas Mann hier vom 11. bis 16. September 1899 auf. Vgl. Abb. S. 39.

Schlagfluß: Schlaganfall, Gehirnschlag.

Aquavitflasche: ›Aquavit‹ (von lat. »aqua vitae« ›Lebenswasser‹) ist ein mit Kümmel aromatisierter Branntwein.

Gouverneur: früher – wie ›Gouvernante‹ – Bezeichnung für Erzieher von Kindern vornehmen Standes.

Please give me the wurst-things there!: (engl.) ›Bitte gib mir die Wurst-Sachen dort!‹

That's not wurst, that's schinken!: ›Das ist nicht Wurst, das ist Schinken!‹

konversierten: frz. »converser« ›sich unterhalten‹, im Dt. in bezug auf eine förmliche, eher gezwungene und oberflächliche Plauderei verwendet (›Konversation machen‹).

ein Buch auf den Knien ... las nicht eine Zeile: In »Lübeck als geistige Lebensform« (1926) teilt Thomas Mann mit, daß er »in Aalsgaard am Sunde« Gontscharow gelesen habe (GW XI, S. 381). Iwan Gontscharows »Oblomov« hatte er sich vor der Reise mehrfach im Notizbuch zur Lektüre vorgemerkt (s. Mendelssohn, »Der Zauberer«, S. 360). Die folgende Schilderung des ›trägen‹, in sich ›versunkenen‹ Tonio ist möglicherweise als Anspielung auf die Apathie und Trägheit des Gontscharowschen Helden zu verstehen. Das (fingierte) Detail, daß Tonio – aufgrund ›oblomovscher‹ Trägheit – *nicht eine Zeile* des Romans las, wäre dann eine – allerdings erst durch die spätere Mitteilung verständliche – besondere Pointe. Vgl. die Charakteristik Oblomovs in den »Betrachtungen eines Unpolitischen« (GW XII, S. 299).

Illumination: (lat., frz.) Festbeleuchtung.

regnicht: älteres Adjektiv für gleichbedeutendes ›regnerisch‹.

Reunion: (frz.) wörtl. ›Wiedervereinigung‹; früher verwendet für: Gesellschaft, Gesellschaftsball (bes. in Kurorten).

Subskription: zu lat. »subscribere« ›unterzeichnen‹; Unterzeichnung, Vorausbestellung, Einschreibung, hier als Teilnehmer einer Veranstaltung (Subskriptionsball).

Hans Hansen und Ingeborg Holm gingen durch den Saal: Hier ist die objektive Perspektive des Erzählers aufgegeben zugunsten der subjektiven Sehweise der handelnden Person; genauer: der Erzähler verabsolutiert die spontane Deutung einer Wahrnehmung (durch Tonio) und erhebt sie zum Faktum. Wie sich aus dem Fortgang der Erzählung ergibt, handelt es sich bei den beiden jungen Ausflüglern lediglich um Vertreter desselben *Typus, dieser lichten, stahlblauäugigen und blondhaarigen Art.*

Polonäse: urspr. polnischer Reigen- und Schreittanz (frz. »danse polonaise«); diente um die Jahrhundertwende auf Bällen als Eröffnungstanz.

Kapotthütchen: um 1900 modische Kopfbedeckung für (ältere) Frauen (frz. »capote«).

Provinzlöwe: Als ›Salonlöwen‹ bezeichnet man den um-

CHAMPAGNE: GEORGE GOULET

Hof-Leverandor til H. K. H. Prinsen af Wales.

Extra Demi Sec.
Extra Bout.
Vin Nature.

Hof-Leverandør til H. M. Dronningen af England.

Extra Demi Sec.
Extra Bout.
Vin Nature.

Bisquit's originale 20 Aars Cognac.

fra **Aalsgaard Badehotel**

til Hr. Th. Mann.

September 11	2 Ql & Service 50		90
12	2 Ql		40
13	2 Ql		40
14	1 Ql		20
15	2 Ql		40
16	5 Dages Pension à 5,00	25	00
	2 Ql		40
	1 Vogn	3	00
		30	70
			40
		31	10

Betalt Elise Torp

Hotelrechnung von 1899. Aus dem Arbeitsmaterial zum »Tonio Kröger«. (Thomas-Mann-Archiv Zürich.)

schwärmten Mittelpunkt vornehmer gesellschaftlicher Zirkel, den glänzenden Unterhalter und Herzensbrecher (nach der beherrschenden Rolle des Löwen im Tierreich). Hier durch den ersten Teil des Kompositums herabgestuft; der Provinzlöwe wird, als *komische Figur*, zur provinzialisierten Variante des weltstädtischen François Knaak.

Postadjunkt: Postgehilfe (lat. »adiunctus« ›beigefügt‹).

transpirierend: (lat., frz.) vornehm-beschönigend für ›schwitzend‹.

traumblöde: ›blöde‹ im Sinne von ›verzagt, verwirrt, benommen‹; vgl. die Komposita ›traumgeblendet, traumverworren, traumbefangen, traumumnachtet‹.

Ein Mädchen ... mit schwarzen, schwimmenden Augen: Diese Figur ist eine Neuverkörperung des durch Magdalena Vermehren repräsentierten Typus (Kap. 4: *Leute mit ungeschickten Körpern und feinen Seelen*); sie komplettiert die alte Konstellation (vgl. Kap. 2).

die vielleicht seine Schwester war: Möglicherweise eine hintergründige autobiographische Anspielung: Thomas Mann war der Schwester von Armin Martens, dem Modell des Hans Hansen, in München wiederbegegnet und »scheint einiges von der alten Liebe zu ihrem mißratenen Bruder auf sie übertragen zu haben« (Mendelssohn, »Der Zauberer«, S. 379). Paul Ehrenberg berichtet er im Brief vom 29. Juni 1900, daß er »regelmäßig einmal wöchentlich« mit Ilse Martens (1877–1974) Violine spiele (Briefe III, S. 426).

zum Engagieren: (frz.) zur Teilnahme, zum Auffordern.

distinguierte: vornehme; zu frz. »distinguer« ›unterscheiden, auszeichnen‹.

die neun Symphonien: von Ludwig van Beethoven.

›Die Welt als Wille und Vorstellung‹: die 1819 erschienene Hauptschrift des Philosophen Arthur Schopenhauer (1788–1860); die Beschäftigung mit Schopenhauers Werk rechnete Thomas Mann zu den Fundamenten seiner »geistig-künstlerischen Bildung« (GW XII, S. 71 f.).

›Das Jüngste Gericht‹: das 1536–41 von Michelangelo geschaffene Fresko an der Altarwand der Sixtinischen Kapelle (Vatikan). Anläßlich der Schilderung des Rom-Aufenthalts im Winter 1896/97 heißt es im »Lebensabriß«: »Das ›Jüngste Gericht‹ erschütterte mich als Apotheose meiner durchaus pessimistisch-moralistischen und antihedonistischen Stimmung.« (GW XI, S. 103.)

Verszeile … du mußt tanzen: aus Storms Gedicht »Hyazinthen« (vgl. Kap. 2, Anm. zu *Gedicht von Storm …*).

Messertanz: In keinem der einschlägigen Wörterbücher nachgewiesen; wohl in Analogie zu ›Schwerttanz‹ (Waffentanz, mit oder zwischen Schwertern ausgeführt). In »Lotte in Weimar« (1939) läßt Thomas Mann Goethe sagen: »Ich – ein Balance-Kunststück genauer Not, knapp ausgewogener Glücksfall der Natur, ein Messertanz von Schwierigkeit und Liebe zur Facilität, ein Nur-gerade-Möglich, das gleich auch noch Genie« (GW II, S. 654).

Galopp: schneller und ausgelassener, paarweise ausgeführter Tanz (›Hopser‹).

chassierend: zu frz. »chasser« ›jagen‹; sich in ›jagendem‹ Schrittempo seitwärts auf einer Linie fortbewegen.

»Tak! O, mange Tak!«: (dän.) ›Danke! O, vielen Dank!‹

gelähmt von Erkenntnis: Vgl. Kap. 4, Anm. zu *Erkenntnisekel … der Fall Hamlets* (bes. das dort abgedruckte Nietzsche-Zitat).

Exaltationen: (lat.) Überspanntheiten, leidenschaftliche Erregungen.

9

Arkadien: rauhes Hochland auf der Peloponnes; von der spätantiken Schäferdichtung zum Schauplatz gemacht. Schon in Vergils (70–19 v. Chr.) »Bucolica« ist – das von Polybios (2. Jh. v. Chr.) als Land der Musik und Dichtkunst gelobte – Arkadien der Zufluchtsort des unglücklich liebenden Gallus, der als Dichter mehr als andere unter den Härten der Welt leidet. Die spätere literarische

Tradition hob die lokale Bindung auf und machte ›Arkadien‹ zu einer Wunschlandschaft schlechthin und zum topischen Äquivalent des ›Goldenen Zeitalters‹.

etwas Allgemeines zu sagen, anstatt Geschichten zu erzählen: Seiner Neigung, *etwas Allgemeines zu sagen*, gab Thomas Mann im März 1903 nach: Er veröffentlichte in der Münchner Wochenschrift »Freistatt« die essayartige Besprechung eines Romans von Toni Schwabe. An die Redaktion schrieb er: »Man sollte als Künstler nichts über Anderes, nichts Allgemeines veröffentlichen. Man sollte nur durch Werke reden. Das Allgemeine kompromittiert immer. Und eigentlich ist man ja viel zu sehr Wirrkopf und Rohr im Winde, um überhaupt etwas Allgemeines von sich geben zu dürfen. Aber wenn ich der ›Freistatt‹ einen Dienst damit erweisen kann, so mag es diesmal hingehen.« (GW XIII, S. 884.)

Puritanismus: von lat. »purus« ›rein‹; Sittenstrenge, strenge Selbstzucht – nach der calvinistischen Richtung des engl. Protestantismus (›Puritaner‹).

Bohemien: ›Böhmer‹, frz. Ausdruck für ›Zigeuner‹. ›Bohème‹ ist seit Henri Murgers »Scènes de la vie de Bohème« (1851), der Vorlage für das Libretto zu Puccinis Oper »La Bohème« (1896), Bezeichnung für das unbürgerliche ›Zigeunerleben‹ der Künstler.

Ich bewundere die Stolzen ... klingende Schelle sei: Diese Passage zitiert Thomas Mann in den »Betrachtungen eines Unpolitischen« und kommentiert: »Hier war freilich ein Verhältnis zum ›Leben‹ ausgedrückt, welches sich von dem dionysischen Lebenskult jener Abenteurer auf den Pfaden ruchloser Schönheit beträchtlich unterschied. ›Stolz und kalt‹ nannte ich sie; denn ich wußte – wußte es, wie ich es heute weiß, daß in meinem ›bürgerlichen‹ Pessimismus, meiner ›noch nicht zur Kunst gelangten‹ Lebensverneinung mehr Liebe zum Leben und seinen Kindern steckte als in ihrer theoretischen Lebensverherrlichung. Ironie als Liebe, – kein Nerv in ihnen wußte etwas von solchem Erlebnis.« (GW XII, S. 543.) Vgl.

Kap. 4, Anm. zu *trunkene Philosophie* und Kap. 5, Anm. zu *belezza.*
Der Schluß von Tonios Argumentation korrespondiert unverkennbar mit einer Äußerung Goethes über August von Platen: »er besitzt manche glänzende Eigenschaften: allein ihm fehlt – d i e L i e b e. Er liebt so wenig seine Leser und seine Mitpoeten als sich selber, und so kommt man in den Fall, auch auf ihn den Spruch des Apostels [1 Kor. 13,1] anzuwenden: ›Und wenn ich mit Menschen- und mit Engelzungen redete, und hätte der Liebe nicht, so wäre ich ein tönendes Erz oder eine klingende Schelle.‹« (Eckermann, »Gespräche mit Goethe«, hrsg. von F. Bergemann, Wiesbaden 1955, S. 156.) Gelesen hat Thomas Mann Eckermanns »Gespräche« schon im Sommer 1897 (vgl. »Briefe an Otto Grautoff«, S. 96; Mendelssohn, »Der Zauberer«, S. 275 f.); deutlich angespielt hat er auf die zitierte Goethe-Äußerung im Platen-Vortrag von 1930 (GW IX, S. 270; vgl. auch Briefe II, S. 290).

Sehnsucht ist darin ... keusche Seligkeit: Das die Selbstanalyse beschließende Bekenntnis Tonios entspricht der Feststellung des Erzählers am Ende des ersten Kapitels. Die Übereinstimmung macht deutlich, daß der gereifte Künstler nun den Bewußtseinsstand des Erzählers erreicht hat. – André von Gronicka hat diese berühmte Stelle auf Turgenjews Erzählung »Faust« (1855) zurückgeführt: »Nachdenklichkeit ist darin und Aufmerksamkeit und eine gewisse Strenge« (»The Germanic Review« 20, 1945, S. 124 f.). Turgenjew-Lektüre Thomas Manns ist für Herbst 1898 und Frühjahr 1902 bezeugt (vgl. Briefe III, S. 433 und »Briefe an Otto Grautoff«, S. 105).

II. Notizen, Entwürfe, Vorstufen

Das erhaltene Notizenmaterial zum »Tonio Kröger« umfaßt fünfzehn beschriebene Seiten der verschiedensten Papierformate. Diese Notizen, die sich, mit einer Ausnahme, auf das Literaturgespräch (Kap. 4) und Tonios Reise nach Dänemark beziehen, wurden im Sommer 1902 aufgrund der verstreuten Aufzeichnungen in den Notizbüchern 3 (1899) und 7 (1901/02) zusammengestellt. Dies spricht dafür, daß eine erste Fassung der beiden Kindheits-Kapitel zu diesem Zeitpunkt schon vorgelegen hat.[1]

Die ersten Aufzeichnungen zum »Tonio Kröger« (aus Notizbuch 3):

Tonio Kröger

Manche gehen mit bewußter Nothwendigkeit in die Irre, weil es einen richtigen Weg für sie überhaupt nicht giebt.

T. K. von Temperament sanftmütig und gutdenkend, von der psychologischen Erkenntnis aufgerieben.[2]

»Nun, wie denn, Batuschka ...« (Väterchen)

Zit. nach: Thomas-Mann-Studien I. S. 49.

Zwei Aufzeichnungen zu Kapitel 1 (aus Notizbuch 7):

Litterarische Einsamkeit und Fremdheit schon als Knabe. Opposition. Er leidet unter seiner litt. Opposition, *bewundert* Tage[3] dafür, daß er nichts davon weiß. (Weil er das *Leben* liebt)

T.⟨onio⟩ liebte T.⟨age⟩ und hatte schon viel von ihm gelitten. Wer am meisten liebt, ist der Unterlegene; diese

1 Kurt Martens berichtet in seiner »Schonungslosen Lebenschronik«, Th. Mann habe ihm bei einem Besuch in Bad Kreuth (Anfang Juli 1902) die »ersten Seiten« des »Tonio Kröger« mitgebracht (Bd. 2, Wien 1924, S. 27).

2 Vgl. hierzu Th. Manns 1906 veröffentlichten Aufsatz »Bilse und ich« (GW X, S. 19).

3 Skandinavischer Name, später ersetzt durch ›Hans Hansen‹.

schlichte und harte Lehre hatte seine 14jährige Seele bereits vom Leben entgegengenommen.

Ebd. S. 53.

Es folgen die Notizen zu Kapitel 4, wie sie nach der (chronologischen) Abschrift aus den Notizbüchern noch einmal neu geordnet und ergänzt wurden (wo nicht anders angegeben, nach der Verwendung gestrichen):

Kap. 4

Frühlingsstimmung. Unter Collegen: der Fr.⟨ühling⟩ als scheußliche Jahreszeit. Auch ihn macht er nervös, aber er hat doch auch »Storm«'sche Empfindungen dabei.

[VIII 294 f.][4]

Der Litterat als Abenteurer. Typus Henry.[5] Man ist als Litterat innerlich immer Abenteurer genug. Äußerlich soll man sich gut anziehen, zum Teufel, und sich benehmen wie ein anständiger Mensch. *Verdächtichkeit* [sic] des Artisten. Lombroso.[6]

4 Die von Hans Wysling stammenden Klammervermerke verweisen auf den Ort der Verwendung innerhalb des Drucktextes (»Gesammelte Werke«, Bd. VIII).

5 Gemeint ist Heinrich Mann: »Seinem Bruder gegenüber hat Thomas Mann, der doch selbst soviel des Komödiantischen, der Libertinage und des Bohemetums in sich wußte, immer die Position des Bürgers und Moralisten bezogen. [...] bisweilen hat es den Anschein, als wolle er die Rolle des Künstler-Komödianten ganz auf Heinrich abschieben.« (»Thomas Mann – Heinrich Mann. Briefwechsel 1900–1949«, hrsg. von Hans Wysling, Frankfurt a. M. 1968, S. XXXIX.)

6 In der Druckvorlage merkt Hans Wysling dazu an: »Es handelt sich um den Mediziner und Anthropologen Cesare Lombroso (1836–1909), der über »L'uomo delinquente« geschrieben hatte (deutsch 1887/1890). Vgl. H. Kurella, »Lombroso und die Naturgeschichte des Verbrechens«, 1892. – Lombroso brachte Thomas Mann den auch bei Nietzsche vorgeprägten Gedanken nahe, daß zwischen dem Künstler und dem Verbrecher ein Zusammenhang bestehe. Als Thomas Mann im »Krull« die Künstlernatur ins Kriminelle travestierte, ging er wieder von diesem Gedanken aus.« Vgl. auch C. A. M. Noble, »Krankheit, Verbrechen und künstlerisches Schaffen bei Thomas Mann«, Bern 1970, S. 16 f.

Überhaupt kein Beruf, sondern ein Fluch – [mit Bleistift beigefügt:] Von Jugend an sich gezeichnet, sich im Gegensatz zu den »Menschen« fühlen. Der Künstler unter Menschen fremd. Unzugehörig. Stolz, scheu, reizbar. [VIII 297]

Von Natur sanftmüthig und gutdenkend, von der psychologischen Erkenntnis aufgerieben. [VIII 290, 300]

Der geniale Schauspieler, der als Mensch von pathologischer Verlegenheit ist. Überreiztes Ichgefühl. [VIII 297]

Gegensatz von Nerven und Gefühl. Gefühl und Banalität. [VIII 295 f.]

Der dichtende Leutnant. [VIII 304]

Sich von der Traurigkeit der Welt nicht übermannen lassen. Beobachten merken, einfügen, auch das Quälendste, und übrigens guter Dinge sein, schon im Vollgefühl der sittlichen Überlegenheit über die abscheuliche Erfindung des Seins! [VIII 300]

Entgegnungen auf seine Vorwürfe. Die reinigende, *heilige* Wirkung der Litteratur. Der L.⟨iterat⟩ als vollkommener Mensch. [VIII 300]

Die geistige Blasirtheit des Litteraten. Hochmuth. Die ironische Müdigkeit u. Gleichgültigkeit aller Wahrheit gegenüber. Reaktion. Alle Erkenntnis alt und langweilig. Man kann vor Skepsis und geistigem Hochmuth für dumm gelten, während man nur müde ist. Langweiligkeit u. Hoffnungslosigkeit unter Litteraten. (Café) [VIII 301]

Ein menschlicher Freund![7] Bislang habe ich nur unter Dämonen, Kobolden, tiefen Unholden u. erkenntnisstummen Gespenstern d. h. unter Litteraten Freunde gehabt. [VIII 303]

7 In Notizbuch 7 hieß es: »P[aul Ehrenberg] ist mein erster und einziger Freund.« (»Thomas-Mann-Studien I«, S. 54.)

Wirkung eines so morbiden Kunstwerkes wie »Tr.⟨istan⟩ u. I.⟨solde⟩« auf einen gesunden, stark normal empfindenden Menschen: Gehobenheit, Gestärktheit, warme, gesunde Begeisterung, Angeregtheit zu eigenem »künstlerischen« Schaffen ... Der gute Dilettant! In uns Künstlern sieht es gründlich anders aus, als er mit seinem warmen Herzen und ehrlichen Enthusiasmus sich denken mag. --- Hat morgens in seinem Briefkasten Dank- u. Lobschreiben von Privaten für sein letztes Buch gefunden. Künstlertum und menschliche Wirkung. [VIII 299, 296]

Wir können erregen, belustigen, imponiren, vielleicht erschüttern und manches Andere, – aber dies, daß sich vor Wehmuth die Kehle zusammenschnürt, wie manchmal bei Storm, das können wir nicht. [Mit Bleistift beigefügt:] Zu Nerven u. Gefühl.

Öffentliche Vorlesung, Umschau im Publikum. [VIII 303]

Das Leben lieben und dennoch mit allen Künsten bestrebt sein, es auf seine Seite*) zu ziehen. So war es schon mit H.⟨ans⟩ H.⟨ansen⟩. [Mit Bleistift beigefügt zu *):] für die Finessen u. Melancholieen, den ganzen kranken Adel der Litteratur zu gewinnen. [Des weitern mit Bleistift beigefügt:] Verachtung, wenn das Leben litterarisch zu sein versucht. Der Leutnant [VIII 303]

Ich liebe das Leben, Lisaweta, dies ist ein Geständnis ... [VIII 302]

Die schnelle oberflächliche Erledigung des Gefühls durch die litterarische Sprache. (Bré)[8]
Die erlösende Macht der Sprache. Was ausgesprochen ist, ist

8 Gemeint sein dürfte die Schauspielerin Centa Bré (1876–1958), über die Th. Mann am 20./21. August 1902 an Paul Ehrenberg schreibt: »Sie ist ein kleines Wunder und meine letzte Liebe. Als ich sie zum ersten Male sah, war sie ein Naturtalent und wirkte äußerst sympathisch; aber seitdem sie nun auch noch eine erstaunliche Menge gelernt hat, kommt ihr außer der [Agnes] Sorma einfach keine mehr gleich.« (Briefe III, S. 440; vgl. ebd., S. 444.)

erledigt. Ist die ganze Welt ausgesprochen, so ist sie erledigt, erlöst, abgethan. Aber ich bin kein Nihilist. – Nicht? – Nun ja ... jedenfalls nicht in Bezug auf das lebendige Gefühl. – Der L.⟨iterat⟩ begreift im Grunde nicht, daß das Leben fortfahren mag, zu leben, nachdem es »erledigt« ist; aber siehe da –– das Leben »sündigt« unentwegt darauf los. Denn alles Handeln ist Sünde in den Augen des Geistes.
[VIII 301 f.]

Der Künstler als Castrat. Er singt sehr schön, jedoch ––
[VIII 297]

Einen Wissenden liebt man nicht. [Nicht durchgestrichen.]

Tout comprendre – nein, im Gegentheil, man verzeiht immer schwerer, je mehr man »versteht« und durchschaut. Erkenntnisekel. Hamlet der Däne, als typischer Litterat.
[VIII 300]

Das, was man sagt, darf ja nicht die Hauptsache sein, sondern nur das an sich gleichgültige Material aus dem das ästhetische Gebilde klug u. gelassen zusammenzusetzen ist. (Zu Gefühl und Kunst) [VIII 296]

Seine Liebe zum Leben und sein Bürgerthum sind *Eins.* [Nicht gestrichen.] [VIII 337]

Ich habe Künstler umjubelt gesehen etc, ich habe Erfahrung⟨en⟩ gemacht ... [später hinzugefügt]. Man macht, was die Herkunft u. die Nebenbedingungen des Künstlerthums betrifft, immer wieder die merkwürdigsten Erfahrungen ... »Bei anderen oder bei sichselbst, Tonio Kröger?« – Schweigen. [VIII 299]

»Die Lösung ist die, daß Sie, wie Sie da sitzen, ganz einfach ein Bürger sind.« – Nichtwahr, das trifft Sie hart, und das muß es ja auch. – »Ein verirrter Bürger« [VIII 305]

Die *lähmende* Wirkung der Erkenntnis und der Phantasie. [Nicht gestrichen.] [Vgl. VIII 300]

Das helle Leben – das schöpferische Leiden. [Nicht gestrichen.]

Ebd. S. 57–59.

Formulierungsversuch für den 3. bis 5. Abschnitt von Kapitel 8:

Himmel grau, das bewegte Wasser blaßgrün-schaumig, dort, wo hinter den Wolken die Sonne steht, von weißlichem Sammetglanz.

In Wind und Brausen eingehüllt ...

Als er fortgeht, ist es plötzlich verhältm. still u. warm. Aber im Rücken weiß er das Meer; es ruft, lockt u. grüßt, u. er lächelt. Manchmal klingt die Brandung wie aufeinanderfallende Bretter.

Die Wellen beugten die Köpfe, wie Stiere, die die Hörner zum Stoße einlegen, u. rannten wüthend gegen den Strand.

Ebd. S. 61.

Formulierungsversuch für den drittletzten Satz von Kapitel 8:

verödet, zerfressen, verkünstelt
von Ironie, Geist, Spott, Verneinung [die letzten zwei Wörter mit Tinte überschrieben]
raffinirt,
gelähmt von Einsicht
und gelähmt von Erkenntnis [ganze Zeile gestrichen]
Verödet / von lähmenden Einsichten, halb aufgerieben von der Drangsal [gestrichen] den Fiebern und Frösten des Schaffens
verarmt [mit Tinte, gestrichen]
Verirrt, / verwüstet, zermartert,
krank
Exaltationen raffinirte Räusche
erschöpft

Verarmt
raffinirt, künstlich, verarmt [mit Tinte]

verarmt [mit Tinte, gestrichen]
Haltlos, u. unter Gewissensnöthen zwischen
krassen Extremen, zwischen Heiligkeit
und Brunst hin u. her geworfen

Ebd. S. 59.

Ursprüngliche Fassung des Anfangs von Kapitel 6, einer Schilderung der Bahnfahrt nach Lübeck, die später auf drei Sätze zusammengestrichen wurde, deren wichtigste Elemente Thomas Mann jedoch in der Endfassung in anderen Zusammenhängen aufgriff:

»Tonio Kröger blickte hinaus in die flache Landschaft, die unter niedrigen Wolken mit mäßiger Schnelle an dem schütternden Fenster vorüberzog; denn er saß schon nicht mehr in dem Eilzuge, der ihn von der schönen Stadt dort unten hinweggetragen hatte, sondern fand sich plötzlich [zunächst »ganz nahe der Heimath«, dann:] ganz nahe seinem ersten Reiseziel in einem stolpernden Coupé der heimathlichen Bahn. Sein Vater war im Vorstand gewesen ...
Wie das Herz ihm klopfte! Er horchte seinen Schlägen mit einem Gemisch von Spott und Ängstlichkeit. Der Schnellzug, das war noch die große Welt gewesen; aber nun schlossen sich die Grenzen seiner Kindheit um ihn zusammen. Zuweilen in diesen dreizehn Jahren, wenn sein Magen verdorben gewesen war, hatte ihm geträumt, er sei wieder daheim in dem weitläufigen, hallenden alten Hause an der schrägen Straße, und auch sein Vater sei wieder da und ließe ihn hart an wegen seiner excentrischen [»unordentlichen« hieß es anfangs] Lebensführung, was er sehr in der Ordnung fand. Dann war er mit einem Gefühle starker Erleichterung, dem ein wenig Enttäuschung beigemischt gewesen, erwacht, sich so weit, so unüberbrückbar weit von der engen Stadt entfernt zu finden. Und nun war er tief erstaunt, zu sehen, daß während all dieser seltsamen Jahre voll innerer Aben-

teuer nur ein Tag, nur diese Eintagsreise ihn von der Stätte seiner wohlanständigen Kindheit getrennt hatte. Er erschrak darüber, er hatte Furcht und mußte schon nach flüchtiger Untersuchung feststellen, daß sein Gewissen mehr und mehr in Verwirrung geriet.

Was sollte das Ganze? Es war ein dummer Streich. Es war nicht einmal die übliche Route, die er nahm, er hätte ebenso gut eine andere nehmen können, und Lisaweta Iwanowna hatte recht gehabt, sich zu moquiren. Niemand kannte ihn dort mehr, das war ein rechter Trost, und selbst, wer sich seiner noch erinnerte, würde ihn nicht erkennen, denn er hatte sich, weiß Gott, ein wenig verändert in diesen Jahren. Und plötzlich fühlte er sich sicherer hinter seiner Maske, hinter seinem früh durcharbeiteten [ursprünglich stand: »zerwühlten«] Gesicht, das so viel älter, als seine Jahre, war.

Ein alter Herr mit grauem Schifferbart und rotem Kopfe, irgend ein Großkaufmann, Consul oder gar Senator, saß zeitungslesend ihm gegenüber. [Damit beginnt das 2. Blatt. Und da folgt nun, bis auf geringfügige Kleinigkeiten wörtlich, die Schilderung des katarrhalischen Herrn, der sich das Nasenloch zuhält. In der endgültigen Form der Novelle ist er in den Aalsgaarder Speisesaal versetzt und wegen seiner Unarten sozial vom Konsul oder gar Senator zu einem Fischhändler degradiert. Hierauf fährt der Text fort:]

Ja, das kommt von den nördlichen Mahlzeiten, dachte Tonio Kröger, und dann überzeugte er sich, daß es die ›Anzeigen‹, die städtischen Anzeigen waren, die der alte Herr so eifrig las. Großer Gott, dies Blättchen bestand also auch noch? Und da der alte Herr auf der letzten Seite den Curszettel studirte, so versuchte Tonio Kröger, auf der ersten den Titel des Romans, des sicher so elend schlechten Romans zu entziffern, den das Blättchen im Feuilleton brachte ... Dann aber wandte er sich ab, denn er ward gewahr, daß der alte Herr ihn wieder, wie früher schon, über den Rand der Zeitung hinweg musterte, ihn prüfend, messend, und wägend vom Scheitel bis zu den Stiefeln hinunter betrachtete, sichtlich bestrebt, ihn gesellschaftlich ein wenig zu bestimmen, ihn hierarchisch und bürgerlich irgendwie unterzubringen, ihm einen Platz in seiner Achtung anzuweisen, ohne doch zu einem beruhigenden Ergebnis gelangen zu können.«

Zit. nach: Paul Scherrer: Thomas Mann und die Wirklichkeit. In: Lübeckische Blätter. Jg. 120 (1960) Nr. 7. S. 79f.

III. Dokumente zur Entstehung

Über die Entstehung seines »Tonio Kröger« hat Thomas Mann 1930, also aus einem Abstand von nahezu dreißig Jahren, im »Lebensabriß« mitgeteilt:

»Die Konzeption ging zurück in die Zeit der Arbeit an ›Buddenbrooks‹, das Jahr meiner Tätigkeit bei Langen.[1] Ich benutzte damals einen vierzehntägigen Sommerurlaub zu jener Reise über Lübeck nach Dänemark, von der in der Novelle die Rede ist, und meine Eindrücke in dem kleinen Badeort Aalsgard am Sund, nahe Helsingör, bildeten den Erlebniskern, um den nun die beziehungsreiche kleine Dichtung zusammenschoß. Ich schrieb sie sehr langsam. Namentlich das lyrisch-essayistische Mittelstück, das Gespräch mit der (durchaus fingierten) russischen Freundin, kostete mich Monate, und ich erinnere mich, daß ich das Manuskript während eines meiner wiederholten Aufenthalte in Riva am Gardasee, in R. von Hartungens ›Haus zur Sonne‹, bei mir hatte, ohne um eine Zeile vorwärtszukommen. Ich habe die Urschrift lange nicht in der Hand gehabt, sehe sie aber deutlich vor mir. Ich hatte damals eine sonderbar geduldige Technik, nach Fertigstellung einer Arbeit sämtliche Korrekturen mit dichter Tintenschraffierung zu bedecken, das Getilgte also zu schwärzen, damit es in keiner Weise mitspräche, und so eine Art von Reinschrift herzustellen. Die Schraffierungen durften nicht gelöscht werden, sondern mußten an der Luft trocknen, und so war bei dieser Schlußarbeit das ganze Manuskript, in seine Einzelblätter aufgelöst, auf allen Möbeln und dem Fußboden ausgebreitet. Auch das von ›Tristan‹, das faksimiliert worden ist[2], zeigt diese Manier.«

GW XI. S. 115.

1 Th. Mann war ab Herbst 1898 knapp zwei Jahre lang Lektor und Korrektor in der »Simplizissimus«-Redaktion des Verlages Albert Langen in München.

2 »Deutsche Dichterhandschriften«, Bd. 1: »Thomas Mann«, hrsg. von Hanns Martin Elster, Dresden 1920.

Die Reise »über Lübeck nach Dänemark« fiel in den September 1899. Der Aufenthalt im dänischen Aalsgaard, »wo der ›Tonio Kröger‹ unbewußt entworfen wurde« (GW XI, S. 381), läßt sich anhand der erhaltenen Hotelrechnung auf die Zeit vom 11. bis 16. September fixieren. Möglicherweise noch in Aalsgaard, spätestens jedoch vor Weihnachten 1899 machte sich Thomas Mann die ersten Notizen, die dann im 3. und 4. Kapitel Verwendung finden sollten. Der Name des Helden stand schon seinerzeit fest und war auch als Titel vorgesehen (vgl. S. 44).

An den Lübecker Jugendfreund Otto Grautoff schrieb Thomas Mann am 9. September 1900: »Laß den Brief aus Aalsgard nur nicht verloren gehen; ich werde ihn später noch gebrauchen.« Dies ist als Indiz dafür zu werten, daß er nach Absendung des »Buddenbrook«-Manuskripts (Mitte August 1900) beabsichtigte, sich wieder mit dem Stoff zu beschäftigen, und den (nicht erhaltenen) Brief an den Freund, wohl einen fakten- und detailreichen Reisebericht, dabei auszuwerten gedachte (für Kap. 6–8). Am 29. Dezember 1900, kurz nach der vorzeitigen Entlassung aus dem Militärdienst, heißt es dann in einem Brief an den Bruder Heinrich:

»Gott sei Dank arbeite ich nun wieder, wenn auch noch nicht am ›Savonarola‹[3], um den ich nur immer so auf Sammetpfoten herumschleiche, sondern an einer neuen Novelle bitter-wehmütigen Charakters, und hoffentlich habe ich auf diese Weise noch ein paar kleine Einkünfte.«

Thomas Mann – Heinrich Mann. Briefwechsel 1900–1949. Hrsg. von Hans Wysling. Frankfurt a. M.: S. Fischer, 1968. S. 8.

Anfang des Jahres 1901 wurde die Arbeit am »Tonio Kröger« zurückgestellt – wahrscheinlich weil das »lyrisch-essayistische Mittelstück« sich als schwierig und zeitraubend erwies – und zunächst mit der Ausarbeitung der ›Burleske‹ »Tristan« begonnen (abgeschlossen Juni 1901), die auf jeden

3 Einer der zunächst für das Renaissance-Drama »Fiorenza« (1905) vorgesehenen Titel.

Fall in den zunächst für das Frühjahr 1901 geplanten zweiten »Novellenband« aufgenommen werden sollte.
Der nachfolgend zitierte Brief an Heinrich Mann vom 13. Februar 1901 informiert über den vorgesehenen Inhalt dieses Bandes (der »Tonio Kröger« erscheint als Nr. 6 mit neuem Titel); zugleich verdeutlicht er, daß die für die gesamte Erzählung konstitutive, im »Mittelstück« analysierte Problematik durchaus einen persönlichen Erlebnis- und Erfahrungshintergrund hat:

»Wenn der Frühling kommt, werde ich einen innerlich unerhört bewegten Winter hinter mir haben. Depressionen wirklich arger Art mit vollkommen ernst gemeinten Selbstabschaffungsplänen haben mit einem unbeschreiblichen, reinen und unverhofften Herzensglück gewechselt, mit Erlebnissen die sich nicht erzählen lassen, und deren Andeutung natürlich wie Renommage wirkt.[4] Sie haben mir aber Eines bewiesen, diese sehr unlitterarischen, sehr schlichten und lebendigen Erlebnisse: nämlich, daß es in mir doch noch etwas Ehrliches, Warmes und Gutes giebt und nicht bloß ›Ironie‹, daß in mir doch noch nicht Alles von der verfluchten Litteratur verödet, verkünstelt und zerfressen ist. Ach, die Litteratur ist der Tod! Ich werde niemals begreifen, wie man von ihr beherrscht sein kann, *ohne* sie bitterlich zu hassen! Das Letzte und Beste, was sie mich zu lehren vermag, ist dies: den Tod als eine Möglichkeit aufzufassen, zu ihrem Gegentheil, zum *Leben* zu gelangen. Mir graut vor dem Tage, und er ist ja nicht fern, wo ich wieder allein mit ihr eingeschlossen sein werde, und ich fürchte, daß die egoistische Verödung und Verkünstelung dann rasche Fortschritte machen wird ... Genug! in alle diese Wechselfälle von Glut und Frost, von lebensvoller Gehobenheit und Sterbensekel platzte neulich ein Brief von S. Fischer hinein, in dem er mir mittheilte, daß er zum Frühjahr zunächst einen zweiten kleinen Novellenband von mir bringen und

4 Gemeint ist der enge freundschaftliche Umgang mit Paul Ehrenberg; vgl. Kap. 1, Anm. zu *Hans Hansen*.

zum Oktober ›Buddenbrooks‹ unverkürzt, wahrscheinlich in drei Bänden herausgeben wolle. [...] Was den Novellenband angeht, so wird er ja ein schmales Ding, das mir nur eine vorläufige kleine Namensauffrischung und etwas Taschengeld eintragen soll. Der Inhalt wird sein: 1.) ›Der Weg zum Friedhof‹ (als Titelstück). 2.) ›Luischen‹. 3.) ›Der Kleiderschrank‹. 4.) ›Gerächt‹.[5] 5.) Eine Burleske, die ich in Arbeit habe, und die wahrscheinlich ›Tristan‹ heißen wird. (*Das* ist echt! Eine Burleske, die ›Tristan‹ heißt!) Und vielleicht noch 6.) Eine längst geplante Novelle mit dem unschönen aber spannenden Titel ›Litteratur‹. (*Illae lacrimae!*[6])«

Thomas Mann – Heinrich Mann. Briefwechsel 1900–1949. Hrsg. von Hans Wysling. Frankfurt a. M.: S. Fischer, 1968. S. 13 f.

In der Folgezeit nahm Thomas Mann in seinen Notizbüchern immer wieder sporadisch Eintragungen zum »Tonio Kröger« vor, wandte sich der Erzählung jedoch offensichtlich erst im Sommer 1902 wieder intensiv zu. Dem Schriftsteller Kurt Martens (1870–1945), mit dem ihn in diesen Jahren eine enge Freundschaft verband, teilte er am 2. Juni 1902 mit:

»Gearbeitet habe ich nicht diesen Winter, sondern nur erlebt, sehr menschlich erlebt und mein Gewissen damit besänftigt, daß ich mein Notizbuch voll Beobachtungen schrieb. [...] ich arbeite jetzt wieder, completire den Novellenband, der Anfang Herbst erscheinen soll.«

Briefe I. S. 33.

Einen Tag zuvor hatte er an Paul Ehrenberg geschrieben:

»Auch ich arbeitete ... das heißt, ich druckse und torturire

5 Statt dieser »Novellistischen Studie« wurde in die Sammlung dann 1903 die Erzählung »Gladius Dei« aufgenommen, die im Juli 1902 erstmals in der Wiener Zeitschrift »Die Zeit« erschien, die Th. Mann jedoch schon am 18. November 1901 im Münchner »Akademisch-Dramatischen Verein« vorgelesen hatte.

6 »Hinc illae lacrimae!« ist geflügeltes Wort nach Terenz' »Andria«: ›Daher diese Tränen!‹ (›Da liegt der Hund begraben!‹).

mich auf manchmal kaum erträgliche Weise mit Zweifeln, Zögern, Ungenügsamkeit und der Hypersensibilität meines künstlerischen Gewissens. Es ist wohl selten, daß soviel nagender Ehrgeiz mit soviel nervöser Trägheit, soviel Leidenschaft (etwas anderes als ›Leidenschaftlichkeit‹!) mit soviel Schwerfälligkeit tragisch zusammentrifft. Dabei habe ich Eile, Eile, Eile! Denn den Novellenband, der Anfang Herbst erscheinen soll, wünscht mein Verleger schon im Sommer drucken zu lassen, und er ist noch nicht fertig.«

Briefe III. S. 436.

Nachdem er – wahrscheinlich im September – die Erzählung erneut zurückgestellt und zunächst die novellistische Studie »Die Hungernden«, »eine Art Vorstudie zum Tonio Kröger« (25. 3. 1909 an Heinrich Mann), geschrieben hatte, weilte Thomas Mann von Anfang Oktober bis Mitte November 1902 zum zweiten Mal bei Dr. Christoph von Hartungen in Riva am Gardasee. War er bei seinem ersten Kuraufenthalt dort im November/Dezember 1901 um keine Zeile vorwärtsgekommen (vgl. den S. 53 zitierten Abschnitt aus dem »Lebensabriß«), so machte er diesmal Fortschritte. Im Brief an Kurt Martens vom 16. Oktober 1902 heißt es:

»Ich arbeite sogar, wenn auch sehr behutsam und noch zeilenweiser, als gewöhnlich, denn was ich vorhabe, (eine längere Novelle) ist wieder etwas so difficiles, daß es durchaus Weile haben will. Dabei bin ich eigentlich pressirt, denn der neue Novellenband liegt mir, bis auf dieses Schlußstück, schon als Correktur vor, und die Geschichte soll vorher noch in der Rundschau erscheinen. Bei dieser Gelegenheit eine Frage und Bitte: die neue Novelle, genannt ›Tonio Kröger‹ und von Qualität, glaub' ich, nicht übel, wird Ihnen ganz persönlich so gut liegen, daß ich versucht bin, sie Ihnen im Buche zu widmen, *Darf ich?*«[7]

Briefe I. S. 35 f.

7 Martens teilt in der »Schonungslosen Lebenschronik« anläßlich der Schilderung von Th. Manns Besuch in Bad Kreuth (Anfang Juli 1902) mit: »Wir sprachen viel über die autobiographischen Bestandteile seines ›Tonio Kröger‹

Vollendet wurde der »Tonio Kröger« wahrscheinlich erst in den Wochen nach der Rückkehr von Riva; über das genaue Datum der Fertigstellung liegen keine Zeugnisse vor. Die Erzählung erschien im Februarheft 1903 von S. Fischers »Neuer deutscher Rundschau«, das bereits Ende Januar ausgeliefert wurde. Am 3. April 1903 schrieb Thomas Mann an Carl Ehrenberg:

»Für den 1. Abdruck von ›Tonio Kröger‹ habe ich 400 (vierhundert) Mark bekommen. Bitte dies herumzuerzählen.«

Briefe III. S. 443.

Gleichzeitig mit dem Zeitschriftendruck oder nur wenig später erschien der »Tonio Kröger« als letztes Stück der Sammlung »Tristan. Sechs Novellen«, die unter dem Motto steht: »Dichten, das ist Gerichtstag über sich selbst halten.«[8] Die »melancholisch-groteske Umschlagzeichnung« lieferte Alfred Kubin, den Thomas Mann in München kennengelernt hatte und der inzwischen vorübergehend nach Berlin übergesiedelt war (vgl. GW XI, S. 108). Als die Erstauflage von 2000 Exemplaren Ende 1903 zur Neige ging, schlug Thomas Mann einen »schönen, rein dekorativen Umschlag« vor; die Kubinsche Zeichnung wurde bei der Neuauflage durch eine schlichtere von Carl Schnebel ersetzt (vgl. »Dichter über ihre Dichtungen« I, S. 172).

[...]. Weil manch inneres Erlebnis darin mein eigenes war so gut wie das seine, beschloß er, mir die Novelle in seinem nächsten Sammelband zu widmen. Da steht nun mein Name auf dem Titelblatt – mit einem Druckfehler, der sich durch alle Auflagen eigensinnig erhalten hat.« (Bd. 2, Wien 1924, S. 27.) In Wirklichkeit lautet die Widmung im Erstdruck der Sammlung »Tristan« korrekt »An Kurt Martens«; erst in späteren Auflagen heißt es aufgrund eines (schwer erklärbaren) Versehens »An Karl Martens« (vgl. jedoch Mendelssohn, »Der Zauberer«, S. 516).

8 Nach Henrik Ibsens »Ein Vers«: »*Leben* heißt – dunkler Gewalten / Spuk bekämpfen in sich. / *Dichten* – Gerichtstag halten / Über sein eignes Ich.« Dieser Vers steht als Motto vor »Henrik Ibsens Sämtliche Werke in deutscher Sprache«, Bd. 1, Berlin: S. Fischer, 1903. Th. Mann dürfte als Autor des S. Fischer Verlages schon vor dem Erscheinen des Bandes Kenntnis von der Übersetzung erhalten haben.

IV. Zeitgenössische Kritik

Auf Einladung des Vereins der Berliner Presse las Thomas Mann am 5. Februar 1903 seinen »Tonio Kröger« im Architektenhaus in der Wilhelmstraße vor. Noch Jahrzehnte später erinnerte sich Hedwig Fischer (1871–1952), die Gattin des Verlegers: »Thomas Mann las seine Novelle ›Tonio Kröger‹. Ich entsinne mich noch heute des Entzückens, das namentlich die Figur der ›süßen blonden Inge‹ weckte« (»Die Neue Rundschau«, 1945/46, S. 78). Unter dem Eindruck des Erfolges berichtete THOMAS MANN am 8. Februar 1903 begeistert den Brüdern Ehrenberg:

»›Hier geht's hoch her, bin auch dabei!‹ wie der Mönch in Wallensteins Lager sagt.[1] Und daß ich ›dabei‹ bin, d. h. betheiligt, zugehörig, nicht unbekannt, nicht ganz verschwindend, ist das eigentlich Vergnügliche bei der Sache. Ich bin sehr freundlich aufgenommen worden. Ich werde euch eine Welt von Dingen zu erzählen haben!

Euer Tonio Kröger«

Briefe III. S. 442.

An die Resonanz dieses Vortragsabends dürfte sich Thomas Mann vor allem erinnert haben, als er 1930 im »Lebensabriß« schrieb, die Erzählung habe »in Berliner literarischen Kreisen eine sehr warme Aufnahme« gefunden (GW XI, S. 115).

Die zeitgenössische Kritik hob – mit unterschiedlichen Begründungen – nahezu einhellig hervor, daß »Tonio Kröger« die beste Erzählung der Sammlung »Tristan« sei. EDGAR STEIGER schrieb in der Münchner Wochenschrift »Die Freistatt«:

»Ich habe selten so viel Feines über das Seelenleben des Dichters gelesen, wie in dieser einfachen Lebensbeichte.

1 Die Äußerung des Kapuziners im 8. Auftritt von Schillers »Wallensteins Lager« lautet wörtlich: »Das geht ja hoch her. Bin auch dabei!«

Darum ist sie mir so ans Herz gewachsen – ich möchte sagen: während des Lesens. Man hat dabei das beruhigende Gefühl, daß hier nicht geschauspielert und gelogen wird, daß jedes Wort erlebt, jede dieser zarten Stimmungen echt, jeder dieser oft bitterbösen Gedanken wahr ist. Dieser Tonio Kröger, der so gar nicht in das gewöhnliche Alltagsleben hineinpaßt und doch eine stille Sehnsucht nach all dieser Gewöhnlichkeit und Alltäglichkeit mit sich herumträgt, wie fein ist er von Kindheit auf beobachtet! So kann einer nur sich selber beobachten, aber, wohlverstanden, nur wenn er die Grausamkeit des Künstlers besitzt, den traurigen Mut, sich die Freude an sich selbst zu zerstören. Die beiden Schulkameraden, von denen der eine für Don Carlos, der andere für seine Pferdebücher schwärmt, sind die Embryos der zwei Welten, die sich nun und nimmer verstehen werden. Hans Hansen packt das Leben beim Schopf und genießt es, ohne viel darüber nachzudenken. Tonio Kröger grübelt darüber so lange, bis es ihm unter den Händen zerrinnt oder verekelt wird. Die blonde Ingeborg wird Hansens Frau, und Tonio bleibt nichts als die hoffnungslose Sehnsucht nach dem Blonden, dem Gewöhnlichen. Wie kommt das? ›Die Lösung ist die, daß Sie, wie Sie da sind, ganz einfach ein *Bürger* sind‹, meint die russische Malerin Lisaweta, die über solche deutsche Sentimentalitäten hinaus ist. Vielleicht hat sie recht, gewiß sogar. Aber vielleicht ist dieser Fehler Tonio Krögers gerade Thomas Manns höchste Tugend.

Ich habe selten klarere Augen gesehen, als die Thomas Manns. D. h. ich habe sie selbst noch nicht gesehen, sondern nur das, was sie selbst gesehen haben. Wollte ich den Künstler literarisch einschachteln, so würde ich ihn zuerst schlankweg einen Naturalisten nennen. Nur darf man das Wort nicht schulmeisterlich engherzig deuten. Denn in jenen Augen, von denen ich oben gesprochen habe, wellt es bisweilen ganz eigentümlich. Sind es Thränen – und bekanntlich gibt es weinende und lachende –, in denen sich hier die Welt spiegelt? Denn eine Spiegelung ist Manns ganzes Dichten, aber der Spiegel steht nicht still, sondern

schwankt hin und her, wippt auf und ab, sodaß sich alle Strahlen, die von außen kommen, tausendfältig darin brechen.
Nein, Thomas Mann ist kein Naturalist. Dazu ist er zu sehr Persönlichkeit. Er will uns nicht von *der* Welt, er will uns von *seiner* Welt erzählen. Was gehen ihn *die draußen* an, solange er sie sich nicht einverleibt hat? Was sind ihm die Menschen und die Landschaft drum herum, solange er sie nicht in *seine* Luft versetzt und ihnen *seine* Perspektive gegeben hat? Aber er ist auch nicht Symbolist, so viel Geheimes auch hinter allen seinen Gestalten lauert. Nein, dazu ist er zu ernst und zu ehrlich. Er liebt es nicht, sich und andern nur Dampf vorzumachen. Er braucht Gestalten, blutwarme Gestalten voll Leben. Und hat er sie erhascht und bezwungen, so lächelt er wohl. Aber es ist ein tiefschmerzliches Lächeln. Denn jede Geburt in der Kunst ist ein Mord am Leben.«

Die Freistatt. Jg. 5 (1903) Nr. 17. S. 330.

Kurt Martens (vgl. Kap. III) am 1. Juli 1903 in der Berliner Halbmonatsschrift »Das litterarische Echo«:

»Nun ist ein zweiter Band Novellen von ihm erschienen, noch glänzender in der Darstellung, tiefer an Erkenntnis, klarer in der Anschauung des inneren Lebens, durchleuchtet und durchwärmt von ernsten, liebevollen, wehmütigen und trostreichen Gedanken, die, wie Fackeln aneinander gereiht, die schwierige Bahn weisen zu den letzten Rätseln unserer zerrissenen Kultur; Novellen von einer so edlen dichterischen Reinheit, daß wohl alle jüngeren Novellisten in Thomas Mann neidlos einen Meister ihrer Kunst anerkennen werden. [...]
In dieser Novelle [»Gladius Dei«], wie in den übrigen, kommt es dem Dichter weniger auf eine Reihe wechselnder Ereignisse an, als auf die Entladung eines einzelnen Charakters, eines menschlichen Typus, den er zum Gefäß bestimmter, weitschauender Ideen macht, vielfach wohl seiner, des Dichters Ideen, seiner eigenen schwermütigen, humoristi-

schen Lebensanschauungen. Und zwar handelt es sich in einer jeden Novelle um den Typus Tristan–Savonarola, um den von des Gedankens Blässe angekränkelten, von der lachenden Thatkraft brutalisierten Schwärmer, mag er nun auftreten im Gewand des trauernden Trunkenboldes Piepsam oder des jungen Aestheten Spinell aus Galizien, des betrogenen und verhöhnten Ehemannes oder endlich des Dichters Tonio Kröger, mit dessen nachdenklicher Geschichte Thomas Mann seine eigene Entwicklung zu erzählen scheint. In Tonio Kröger bekämpfen sich unablässig die Instinkte des Künstlers mit denen des normalen Bürgers. Als Patriziersohn liebt er alles Gesunde, Geordnete, Reinliche, alles, was harmlos, flach und fröhlich ist, als Künstler aber sieht und durchlebt er die finsteren Tiefen, die Abgründe und grausamen Zügellosigkeiten des Daseins. ›Die Macht des Geistes und des Wortes, die lächelnd über dem unbewußten und stummen Leben thront ... schärfte seinen Blick und ließ ihn die großen Worte durchschauen, die der Menschen Busen blähen, sie erschloß ihm der Menschen Seelen und seine eigene, machte ihn hellsehend und zeigte ihm das Innere der Welt und alles Letzte, was hinter den Worten und Thaten ist.‹ Von Kindheit auf fühlt er sich als Ausgestoßener unter der Herde, empfindet sein Künstlertum nicht als Beruf sondern als Fluch. Trotz alledem, oder gerade weil er ein Dichter ist, liebt er sie, diese frische, kräftige, rohe Herde ...«

Das litterarische Echo. Jg. 5. H. 19. Sp. 1359 f.

Am 23. Mai 1904 schrieb THOMAS MANN an den Kritiker Samuel Lublinski:

»Ich weiß recht gut, daß ich mit meiner unpolitischen und radikalen Ehrlichkeit Alles gethan habe, die Leute confus zu machen. Nach dem Kunstgespräch in ›Tonio Kröger‹ kann ich nicht mehr verlangen, daß Carl Busse klug aus mir wird. Was eigentlich Ironie ist, das wissen in Deutschland fünf, sechs Menschen, mehr nicht; und daß sie nicht schlechthin

›Herzenskälte‹, sondern nur eine Art geistiger Zucht, Disziplin, ›*Haltung*‹, artistischer Würde (und noch einiges Andere) zu bedeuten braucht, das fällt den Thoren niemals ein.«

Briefe III. S. 450.

Thomas Mann bezieht sich auf eine im Juli 1903 in Berlin erschienene Besprechung des Schriftstellers Carl Busse (1872–1918), in der es heißt:

»Die sechs Novellen des ›Tristan‹ bezeichnen gegen die ›Buddenbrooks‹ einen Rückschritt – einen starken Rückschritt sogar. Seltsam genug: der große Roman sprach von einem sicheren fertigen Künstler, die kleinen Novellen hier reden von einem unsicheren, tastenden, unfertigen. Es ist möglich und ich will es hoffen, daß dieser Rückschritt nur ein solcher ist, von dem Nietzsche spricht – das Zurückschreiten, das dem Anlauf zu einem großen Sprunge vorhergeht. Aber es bleibt auffällig.
Vielleicht kann dieser Thomas Mann nur in voller Breite wirken. Dafür spricht, daß die längste Novelle auch die beste ist. Und dazu würde ja auch die Art, mit der sich sein Talent in den fast gar zu breiten Buddenbrooks gab, stimmen. Doch nicht, daß die kleinen Skizzen verunglückt sind, macht mich so stutzig, sondern, daß sie ein wenig stillos sind. Daß sie einen Fertigen als unruhig Suchenden zeigen! Und ferner: die leise Satire, die man schon im Roman merkte, ist hier offener geworden, aber auch plumper. Sie hat von ihrer Feinheit eingebüßt, ist bewußter geworden und hat – ein schlimmes Zeichen – den Stil gefärbt, der nun viel Manieriertes aufweist. In den Buddenbrooks war er freier und ruhiger. Hier sieht man überall die Absicht und wird verstimmt. Nichts schrecklicher als dieses gewollte, gewaltsame Unterstreichen auf jeder Seite: seht einmal, was ich für ein Humorist und Satiriker bin.
Es braucht dabei kaum gesagt zu werden, daß Thomas Mann nichts weniger als ein Humorist ist. Ihm fehlt durchaus die Hauptsache: die große Liebe. Eigentlich findet er alle Men-

schen komisch. Es gibt keinen, für den er sich begeistert, den er liebt, den er ernst nimmt. Oder doch: vielleicht den Tonio in der letzten und besten Novelle. Aber – das ist er offenbar selber. Und wie will man ohne Glauben ein großes Werk schaffen? Man muß ihn hier den poetischen Nihilisten zuzählen, die der eigenen Schöpfung den Zerstörungskeim einpflanzen.

[...] Vielleicht besteht auch ein innerer Zusammenhang zwischen diesem Mangel an Liebe, an verecundia[2], an Glaubenskraft (wie man's nennen will) und der Unfruchtbarkeit seiner Stoffe. Unfruchtbar war eigentlich auch das Thema der ›Buddenbrooks‹ (allerdings um so bewundernswerter die künstlerische Bewältigung), in höherem Grade unfruchtbar sind die Vorwürfe der Mehrzahl dieser Novellen. Hier fehlt der ›Falke‹[3] immer; man sieht den Künstler, den Schilderer, den Charakteristiker, den Psychologen – nur den Erzähler nicht. Man würde das Buch im ganzen verzagt aus der Hand legen, wenn ›Tonio Kröger‹, das Schlußstück, nicht wieder Hoffnung machte. Darin ist eine halbe Sehnsucht, ein Versprechen, ein Sich-Wenden. Man soll nicht zu optimistisch sein: vielleicht ist das alles nur ein Kokettieren, ein literarisches Kokettieren mit der Natur, mit dem ›Bürgerlichen‹, mit dem Nicht-Literarischen. Denn auch das gibt es, und das tun gerade die klügsten Literaten.

Aber vorläufig ist es noch erlaubt, zu glauben ...

Die nächsten Bücher Thomas Manns werden dann Gewißheit geben.«

Deutsche Monatsschrift für das gesamte Leben der Gegenwart. Jg. 4. S. 634f.

G. Keyssner am 5. August 1903 in den »Münchner Neuesten Nachrichten«:

»Das Verhältnis des Künstlers zum Leben, der Gegensatz

2 (lat.) ›Scheu, Zurückhaltung, Achtung‹.

3 Das zentrale symbolische Leitmotiv einer Novelle; nach der von Paul Heyse (1830–1914) – mit Bezug auf eine Novelle Boccaccios – entwickelten sog. ›Falkentheorie‹.

zwischen Leben und Kunst ist, ganz allgemein gefaßt, das Thema, das diese Novellen variieren: mit grotesk karikierender Drastik die erste, der ›Weg zum Friedhof‹, mit einem – nicht ausgeglichenen – Gemisch von überlegenem Humor und gedankenschwerem düsterem Ernst die Skizze ›Gladius Dei‹, die in das München von heute eine Re-Inkarnation[4] Savonarolas hineinstellt; mit schmerzlich-süßer Elegik die Traumgeschichte ›Der Kleiderschrank‹. [...] Ist hier die selbstgewollte Entfremdung des Künstlers von der Wirklichkeit das verborgene Thema, so in ›Tristan‹ und ›Tonio Kröger‹ der angeborene, nie ganz auszugleichende Gegensatz seiner überempfindlichen, sehnsüchtig beschaulichen, allzu bewußten Seele zu dem naiven, tätigen, an Kampf und Genuß, Leid und Glück sich wie an Selbstverständliches hingebenden Dasein derer, die ›das Simple, Treuherzige und Angenehm-Normale, das Ungeniale und Anständige‹ vertreten.

Wohl am tiefsten erfaßt und am ergreifendsten gestaltet ist das Künstlerproblem in ›Tonio Kröger‹. Man kann ›Tonio Kröger‹ als ein Nachwort zu den ›Buddenbrooks‹ bezeichnen; gar manche Einzelheiten, die dem Roman und der Novelle gemeinsam sind, lassen erraten, daß die Novelle eine Art Selbstporträt und Autobiographie des Verfassers der ›Buddenbrooks‹ ist, ins Typische erweitert und ins Ewiggültige vertieft. Hier vor allem hat der Dichter Gerichtstag über sich selbst gehalten: Der Dichter – nicht Thomas Mann, sondern der moderne Schriftsteller, dessen Auffassung von seiner Berufspflicht, nach der formalen Seite durch das Vorbild selbstquälerischer französischer Artisten wie Flaubert, nach der ethischen Seite durch die ›heilige Literatur‹ der Russen, eines Tolstoj und Dostojewski aufs höchste verfeinert, ihn empfindlicher noch als die Dichter früherer Zeiten macht, gegen den Zwiespalt zwischen seinem Liebesbedürfnis und dem Egoismus der künstlerischen Produktion, gegen die Weite des Abstandes, den er, um den

4 (lat.) ›Wieder-Fleischwerdung‹, Neuverkörperung.

Überblick zu behalten, dem Leben gegenüber einnehmen muß, und der ihn von diesem Leben trennt, das er umarmen möchte, und das er nach dem Verhängnis seiner Begabung nur betrachten und schildern darf. [...] Wenn Nietzsche je in gutem Sinne Schule gemacht hat, so ist hier Thomas Mann einer seiner besten Schüler. Was er Tonio Kröger über den Beruf des Künstlers und über des Künstlers Kranken an seinem Beruf, über die Antinomien des künstlerischen Schaffens sagen läßt, erinnert in der Schärfe und Richtigkeit der Analyse, in dem Reichtum und der Prägnanz des Wortes an die glänzendsten Stücke bei Nietzsche.«

Münchner Neueste Nachrichten. Bd. 56. Nr. 360.
Spalte »Belletristisches«.

Johannes Weiss am 1. Oktober 1903 in »Die Christliche Welt. Evangelisches Gemeindeblatt für Gebildete aller Stände«:

»Schopenhauerscher Pessimismus und ein Radikalismus vom Schlage Nietzsches, dazu eine starke Dosis überfeinerter Decadence, das ist die Signatur dieses Schriftstellers. In diesem Lichte sieht er sich selbst und so wirkt er auf uns auch in seinem großen Roman. [...]
In den beiden Novellenbänden treten die weniger erfreulichen Eigenschaften des Dichters, ebenso wie seine glänzenden Seiten, in verstärktem Maße hervor. In dem neuesten Bande lesen wir neben Gräulichem und Widerwärtigem (wozu ich auch das wahrhaft abscheuliche Titelbild rechne) Schönes und Hoffnungsvolles. Er trägt das Ibsensche Motto: ›Dichten, das ist Gerichtstag über sich selbst halten.‹ Ich glaube nicht fehl zu gehen, wenn ich diese Worte besonders auf die zwei Novellen ›Tristan‹ und ›Tonio Kröger‹ beziehe. In der ersten schildert er in starker Selbstironie, die an die Karikatur streift, einen Dichter, den der Drang, das was er sieht und erlebt, in Worte zu fassen, zu einer höchst lächerlichen Anklageschrift gegen das dumpfe, unbewußte, egoistische und unkünstlerische Leben verführt. Sehr viel ernster ist ›Tonio Kröger‹, den wir in gewissen

Grenzen als ein Selbstporträt aufzufassen uns erlauben. In dem symbolischen Doppelnamen spiegelt sich der Doppelcharakter des Schriftstellers, dem plötzlich sein innerstes Wesen klar wird, als das eines ›in die Kunst verirrten Bürgers‹. Er hat das bürgerliche Leben geflohen und ist tief, allzu tief in das Reich der Kunst und des Schönen untergetaucht. Aber was er hier erlebt und was er schafft, läßt in ihm einen bitteren Rest schlechten Gewissens zurück. Denn unausrottbar lebt in ihm die Liebe und das Heimweh nach dem, was er das wirkliche ›Leben‹ nennt [. . .].

Er entläßt uns mit dem Versprechen ›Besseres zu machen‹ als bisher:

›Ich schaue in eine ungeborene und schemenhafte Welt hinein, die geordnet und gebildet sein will, ich sehe in ein Gewimmel von Schatten menschlicher Gestalten, die mir winken, daß ich sie banne und erlöse: tragische und lächerliche und solche, die beides zugleich sind – und diesen bin ich sehr zugetan. Aber meine tiefste und verstohlenste Liebe gehört den Blonden und Blauäugigen, den hellen Lebendigen, den Glücklichen, Liebenswürdigen und Gewöhnlichen.‹

Ich kann es nicht genügend aussprechen, wie diese Worte mich, nachdem ich von der Lektüre der Buddenbrooks kam, in tiefster Seele erfreut und getröstet haben. Ich sehe in ihnen das Zeichen einer Genesung, einer Rückwendung von der raffinierten Kunst zur Natur, von Schopenhauer und Nietzsche zu Goethe und Gottfried Keller. Und ich habe den Dichter so lieb gewonnen, daß ich nicht nur ihm, sondern mir persönlich wünsche, es möge ihm gegeben werden, sein Versprechen einzulösen.«

Die Christliche Welt. Jg. 17. Nr. 40. Sp. 953–955.

Der Literaturhistoriker HEINRICH MEYER-BENFEY (1869 bis 1945) am 22. März 1904 in der »Beilage zur Allgemeinen Zeitung« (München):

»Am Abschlusse dieser Entwicklung wie des vorliegenden

Bandes steht dann ›Tonio Kröger‹, unzweifelhaft das Reifste und Tiefste, was Mann geschrieben hat. Aus dem Kampfe ist hier der Sieg und die Versöhnung geboren. An Stelle der feindlichen Entgegensetzung ist die klare Einsicht in den Unterschied und die Beziehung beider Welten getreten. Daher ist hier die Ironie in der Darstellung fast ganz zum Schweigen gebracht und äußert sich nur als feiner stilistischer Reiz. In der Zeichnung hat reine, ruhige Liebe die Hand des Dichters geführt. Aber die beiden Welten, Leben und Kunst, sind hier nicht mehr gleichmäßig behandelt. Sondern der Held der Geschichte ist diesmal ausschließlich der Künstler, Tonio Kröger, und dieser ist augenscheinlich der Dichter Thomas Mann selbst; denn nirgends sondert er sich von ihm ab oder äußert ihm gegenüber seine Ueberlegenheit, wie er es sonst bei allen seinen Gestalten tut. Das Leben dagegen ist nicht in einer Einzelfigur als ebenbürtiger Gegenspieler behandelt, sondern nur als Folie und Mittel; es erscheint nur als Typus, selbst die Namen und Gestalten sind ganz typisch, so daß es scheint, als ob dieselben Individuen mehrfach vorhanden wären. Und doch, obwohl es sich auch hier um das ganz gewöhnliche, alltägliche, noch kaum individualisierte Durchschnittsmenschentum handelt, der Eindruck ist ein ganz anderer als früher, denn der Dichter hat mit ihm seinen Frieden gemacht und es in dem Glück und der Liebenswürdigkeit seiner Beschränktheit und seiner naturhaften gesunden Lebenskraft bejahen gelernt.

Im Tonio Kröger hat uns Mann sein persönliches Glaubensbekenntnis abgelegt; er gibt uns damit den Schlüssel zum Verständnis seiner künstlerischen Eigenart und in diesem Einzelfalle zugleich eine der tiefsten Offenbarungen über das Wesen der Kunst überhaupt, von innen gesehen, d. h. als Vorgang in der Seele des Künstlers, was ja ihre ursprüngliche Realität ist. Es wäre eine äußerst reizvolle und dankbare Aufgabe, diese Gedanken zu entwickeln, aber mir fehlt hier der Raum, und so möge sie der Leser bei Mann selbst nachlesen, der sie mit wunderbarer Kunst nicht nur in voller

Klarheit und Schärfe als Gedanken, sondern auch in ihrem Gefühlswert und Lebensgehalt dargestellt hat.«

Allgemeine Zeitung. 1904. Nr. 67. Beilage. S. 531.

EDUARD GOLDBECK am 11. April 1904 im »Leipziger Tageblatt« unter der Überschrift »Der Kampf mit dem Leben«:

»›Tonio Kröger‹ endlich, die reifste der Novellen, ein vollendetes Kunstwerk, schildert den Dichter, der leidend gestaltet und die ›Blonden und Blauäugigen, die Hellen, Lebendigen, Glücklichen und Gewöhnlichen‹, die er liebt. ›Schelten Sie diese Liebe nicht, Lisaweta, sie ist gut und fruchtbar. Sehnsucht ist darin und schwermütiger Neid und ein klein wenig Verachtung und eine ganze keusche Seligkeit.‹ Hätte Thomas Mann nur diesen einen Satz geschrieben, so wüßten wir, daß er ein tiefer Analytiker und ein glänzender Stilist ist.

Sein Novellenband könnte den Gesamttitel tragen ›Der Kampf mit dem Leben‹. Immer ist es ein Unglücklicher, der mit dem Leben ringt und ihm unterliegt. Nur eine Möglichkeit gibt es, sich mit dem Leben abzufinden. Diese Möglichkeit und ihr qualvolles Glück gewährt die Kunst. Nur die Unbewußten, die Animalischen, die haben es wirklich gut. Sie sind eins mit dem Leben und brauchen den Kampf nicht zu führen, in dem uns kein Sieg winkt.

Schade, daß ich es sagen muß: Es sind Gedanken und Empfindungen eines Schwächlings, die Mann hin und her wälzt. Es scheint, als fehle ihm wirklich die robuste Faust. Die Ereignisse der Zeit dringen nicht zu ihm, wühlen ihn nicht auf, er steckt noch im Allerpersönlichsten und so bewunderungswürdig seine bisherigen Arbeiten sind, er ist doch ein bißchen Kaffeehausliterat. Er blickt nur in sich hinein, er sollte auch einmal auf sein Volk blicken. Will er Großes wirken, so muß er sich von dem Problem, von dem er jetzt ganz besessen ist, loslösen und die kleinliche Subjektivität ablegen. Noch ist er allzu menschlich, er muß menschlich werden.«

Leipziger Tageblatt. 1904. Beilage »Mußestunden«. Nr. 10. S. 39.

Weitere zeitgenössische Besprechungen des »Tonio Kröger« bzw. der Sammlung »Tristan«, u. a. von Thomas Manns Schulfreund Otto Grautoff und Karl Muth (»Vom kalten Künstler«), sind leicht zugänglich in: »Thomas Mann im Urteil seiner Zeit«, hrsg. von Klaus Schröter, Hamburg 1969 [S. 24–40]. Franz Kafka zählte seit dem Erscheinen des »Tonio Kröger« Thomas Mann zu den wenigen, »nach deren Geschriebenem« er »hungere« (vgl. Schröter, »Thomas Mann«, S. 81).

Thomas Mann, der den »Tonio Kröger« – neben dem »Tod in Venedig« als einzige Erzählung – bis ins hohe Alter stets zu seinen Hauptwerken rechnete, schrieb am 28. März 1906 an Kurt Martens, sich auf dessen eine Woche zuvor im »Leipziger Tageblatt« veröffentlichten Aufsatz »Die Gebrüder Mann« beziehend:

»Es geht nicht an, mir ›eisige Menschenfeindschaft‹ und ›Lieblosigkeit gegen alles Fleisch und Blut‹ nachzusagen, die durch Kunstfanatismus ›ersetzt‹ werde. ›Tonio Kröger‹ sowohl wie ›Fiorenza‹ sind voll von Ironie gegen das Künstlerische, und in den ›Tonio Kröger‹ ist das Geständnis einer Liebe zum Leben hineingeschrieben, die in ihrer Deutlichkeit und Direktheit bis zum Unkünstlerischen geht. Ist dies Geständnis unglaubwürdig? Ist es nur Rhetorik?? Es geht nicht an, ›Buddenbrooks‹ ein ›zersetzendes‹ Buch zu nennen. ›Kritisch‹ und ›spöttisch‹ – mag sein. Aber ›zersetzend‹ geht nicht. Dazu ist es zu positiv-künstlerisch, zu behaglich-plastisch, im Innersten zu heiter. Muß man Dithyramben[5] schreiben, um als Lebensbejaher zu gelten? Noch jedes gute Buch, das gegen das Leben geschrieben wird, ist eine Verführung zum Leben ...
[...] Es trifft nicht zu, daß ›Buddenbrooks‹ und ›Tonio Kröger‹ dem Publicum durch Essays aufgeredet sind und

5 ›Dithyrambos‹ ist ein altgriech. Kultgesang auf Dionysos, den Gott der Fruchtbarkeit, bes. des Weinbaus; als Gott der Ekstase ist Dionysos Gegenspieler des Apollon.

kühl geschätzt werden. Diese Äußerungen meines Ich werden *geliebt*, glaube mir das, und zwar in dem Grade, daß es mich beunruhigen könnte. ›Bin ich denn so weich, so süß, so mittelmäßig‹, habe ich mich mehr als einmal gefragt, ›daß man mich so liebt‹. Gleichviel. Wie ich einmal bin, weder frivol, noch grillig, noch herbe, noch steif, sehe ich nicht, warum die Deutschen mir, wenn ich irgendwie bleibend sein sollte, in Zukunft die Liebe verweigern sollten.«

Briefe I. S. 61 f. und 65.

Daß die Deutschen zumindest seinem Werk »die Liebe« nicht verweigerten, belegt besonders eindrucksvoll gerade die weitere Rezeption des »Tonio Kröger«. 1913 erschien die erste deutsche Einzelausgabe (mit 18 Illustrationen Erich M. Simons), von der 1930 das 79.–85. Tausend aufgelegt wurde. Von einer erstmals 1952 erschienenen Schulausgabe des Fischer-Verlags kam 1962 das 210.–239. Tausend in den Handel, 1972 das 536.–585. Tausend. Eine Taschenbuch-Ausgabe von »Tonio Kröger« und »Mario und der Zauberer« wurde in den Jahren 1973–1980 über 300000mal verkauft.

Schon bevor die erste deutsche Separatausgabe erschien, wurde der »Tonio Kröger« ins Dänische (1905) und Russische (1910) übersetzt; es folgten Übersetzungen u. a. ins Ungarische (1913), Schwedische (1922), Französische (1924), Italienische (1926), Holländische (1927), Japanische (1927), Bulgarische (1930), Hebräische (1932), Spanische (1945) und ins Türkische (1945). Für den Schulgebrauch kommentierte Lizenzausgaben des deutschen Textes erschienen u. a. in Riga (1928), New York (1931), Prag (1932), Oxford (1944), Groningen (1949), Paris (1950) und Tokio (o. J.).

Knapp ein halbes Jahr vor seinem Tod schrieb THOMAS MANN, der den »Tonio Kröger« mehrfach seinen »Werther« nannte, im Vorwort zu einer ungarischen Übersetzung seiner Erzählungen:

»Mit dem ›Kleinen Herrn Friedemann‹, zuerst veröffentlicht in der ›Neuen Deutschen Rundschau‹ des S. Fischer Verlages in Berlin, trat ich, ein Zweiundzwanzigjähriger, in die Literatur ein, und diese Erzählung machte die Bahn frei für das Erscheinen von ›Buddenbrooks‹, meinem ersten Roman, den ich mit fünfundzwanzig Jahren vollendete. Ihm folgte ›Tonio Kröger‹, eine Novelle, deren jugendlich lyrischer Schmelz sich merkwürdigerweise durch ein halbes Jahrhundert frisch erhalten und im Wechsel der Generationen immer aufs neue die Sympathie junger Herzen gewonnen hat. Gern stelle ich mir vor, wie nun die Gesichter junger ungarischer Leser sich über diese Seiten neigen werden, deren Bekenntnisse ›von Anno dazumal‹ sind, denen aber eine gewisse beständige Gültigkeit verliehen zu sein scheint.«

GW XI. S. 707 f.

V. Texte zur Diskussion

1. Kunst und Leben, Bürgerlichkeit und Künstlertum

Die folgende Bemerkung aus NIETZSCHES »Unzeitgemäßen Betrachtungen« (IV. Stück, 1876) skizziert ein Verhältnis des Künstlers zum Leben, wie es der »Tonio Kröger« ausführlich reflektiert:

»Denn freilich ist es ein Leben von mannichfacher Qual und Scham in einer Welt unstät und unheimisch zu sein und doch zu ihr reden, von ihr fordern zu müssen, sie verachten und doch die Verachtete nicht entbehren zu können, – es ist die eigentliche Noth des Künstlers der Zukunft [...].«

Friedrich Nietzsche: Gesammelte Schriften. Bd. 7. München: Musarion, 1922. S. 322.

Am 18. Februar 1905 schrieb THOMAS MANN seinem Bruder Heinrich, schon seit dem »Tonio Kröger« seien ihm »die Begriffe ›Geist‹ und ›Kunst‹ zu sehr ineinandergelaufen«, er habe »sie verwechselt«. In den »Betrachtungen eines Unpolitischen« (1918) hat er sich über diese Begriffe und den des ›Lebens‹ sowie die Art ihrer Verwendung im »Tonio Kröger« wie folgt geäußert:

»Die Sache war die, daß, während in ›Buddenbrooks‹ nur der Schopenhauer-Wagner'sche Einfluß, der ethisch-pessimistische und der episch-musikalische, sich hatte geltend machen können, in ›Tonio Kröger‹ das Nietzsche'sche Bildungselement zum Durchbruch kam, das fortan vorherrschend bleiben sollte. Der dithyrambisch-konservative Lebensbegriff des lyrischen Philosophen und seine Verteidigung gegen den moralistisch-nihilistischen Geist, gegen die ›Literatur‹, war in dem Erlebnis und Gefühl, das die Novelle gestaltete, zur *erotischen Ironie* geworden, zu einer verliebten Bejahung alles dessen, was nicht Geist und Kunst, was unschuldig, gesund, anständig-unproblematisch und rein vom Geiste ist, und der Name des Lebens, ja, der der Schönheit fand sich hier, sentimentalisch genug, auf die Welt der *Bürgerlichkeit*, der als selig empfundenen Gewöhnlichkeit, des Gegensatzes von Geist und Kunst übertragen. Kein Wunder, daß dergleichen der Jugend gefiel. Denn wenn ›das Leben‹ gut dabei wegkam, ›der Geist‹ kam noch besser weg, denn er war der Liebende, und ›der Gott‹ ist im Liebenden, nicht im Geliebten,[1] was auch ›der Geist‹ hier ganz genau wußte. Was er noch nicht wußte oder vorläufig beiseite ließ, war die Tatsache, daß nicht nur der Geist nach dem Leben, sondern auch das Leben nach dem Geiste verlangt, und daß sein Erlösungsbedürfnis, seine Sehnsucht, sein Schönheitsgefühl – denn Schönheit ist nichts als Sehnsucht – vielleicht ernster, vielleicht ›göttlicher‹, vielleicht weniger hoch- und übermütig ist als das des ›Geistes‹. Ironie aber ist immer Ironie nach beiden Seiten hin, etwas Mittleres, ein Weder-Noch und Sowohl-Alsauch, – wie denn ja auch Tonio Kröger sich als etwas Ironisch-Mittleres zwischen Bürgerlichkeit und Künstlertum empfand und wie schon sein Name das Symbol für jederlei Mischlingsproblematik abgeben mußte, für die romanisch-deutsche Blutsmischung nicht nur, sondern auch für die Mittelstellung zwischen Gesundheit und Raffinement, Anständigkeit und Abenteurertum, Gemüt und Artistik: ein Situationspathos, das wiederum offenkundig von demjenigen Nietzsche's beeinflußt war, der den Erkenntniswert seiner Philosophie geradezu daraus ableitete, daß er in *beiden* Welten zu Hause sei, in der Dekadenz und der Gesundheit, – er stehe, hatte er gesagt, zwischen Niedergang und Aufgang. Das ganze Produkt war eine Mischung aus scheinbar heterogenen Elementen: aus Wehmut und Kritik, Innigkeit und Skepsis, *Storm und Nietzsche*, Stimmung und Intellektualismus ... Kein Wunder, wie gesagt, daß die Jugend hier zugriff, daß sie diese neunzig Seiten den zwei dicken Bänden der ›Buddenbrooks‹ vorzog! Jugend trachtet nach dem Geistigen viel mehr als

1 In Anspielung auf Platos »Symposion« (Kap. 7): »Denn göttlicher ist der Liebhaber als der Liebling, weil in ihm der Gott [Eros] ist.«

nach dem Plastischen, und was sie in diesem Falle erregte, war ohne Zweifel die Art, wie in der kleinen Geschichte der Begriff des ›Geistes‹ gehandhabt wurde, wie er *zusammen* mit dem der ›Kunst‹, unter dem Namen der *›Literatur‹*, dem unbewußten und stummen Leben entgegengesetzt wurde ... Was sie fesselte, war ohne Zweifel das radikal-literarische, das intellektualistisch-zersetzende Element in dem kleinen Werk, – und wenn das andere, das deutsche, gemüthaft-konservative, diesem Gefallen keinen Abbruch tat, sondern es sogar noch verstärkte, so war es, weil es als Ironie erschien und weil Ironie selbst Intellektualismus im höchsten Grade ist. Sie ist aber überdies ein Zubehör der Romantik, und so war sie an ihrem Platze. Denn daß Tonio Kröger ein Spätling der Romantik und zwar einer sehr deutschen Romantik, – daß er der gute Bruder Schlemihls, Undinens, Heilings, des Holländers ist, sah man das nicht?[2] Nein, und ich selbst sah es damals nicht. Heute seh' ich es wohl; und auf die Frage, inwiefern ich deutsch sei, ist die Erzählung mir eine Antwort ...

Das Problem erschien anders gestellt in ›Fiorenza‹. Denn

2 Chamissos »Peter Schlemihls wundersame Geschichte« (1814) nannte Th. Mann 1911 die Schilderung »der Leiden eines Gezeichneten und Ausgeschlossenen«, einer »scheinbar bevorzugten und beneidenswerten, aber romantisch elenden, innerlich mit einem düstern Geheimnis einsamen Existenz«, den Schatten deutete er als »Symbol aller bürgerlichen Solidität und menschlichen Zugehörigkeit« (GW IX, S. 50 und S. 56). Zu »Angehörigen jenes Heldentypus in Schwarz, mit ›düsterm Geheimnis‹«, rechnete er 1922 – neben Schlemihl – auch Hans Heiling und den ›fliegenden Holländer‹ (GW X, S. 617). Hans Heiling ist in einer deutsch-böhmischen Volkssage ein Erd- oder Berggeist, der eine Sterbliche liebt und sie, von Eifersucht gequält, in einen Felsen verwandelt. Für die literarische Tradierung bedeutsam wurde Christian Heinrich Spieß' Roman »Hans Heiling« (1798), aus dem die Brüder Grimm und Ludwig Bechstein für ihre Sagenbücher schöpften (Oper von H. Marschner, 1833). Der ›fliegende Holländer‹ muß bis zum Jüngsten Tag auf dem Meer kreuzen, es sei denn, er wird durch die Treue einer Frau erlöst. Gestaltungen der Sage erfolgten durch Heine in »Die Nordsee« (III, 1827) und »Aus den Memoiren des Herren von Schnabelewopski« (1833) sowie Richard Wagner (Oper, 1843). Undine in Fouqués gleichnamiger Erzählung (1811) ist ein weiblicher Elementargeist, der eine menschliche Gestalt besitzt, dem die unsterbliche Seele aber erst durch die Vermählung mit einem irdischen Mann zuteil wird (Opern von E. T. A. Hoffmann, 1815, und Lortzing, 1845).

während Tonio Kröger den Gegensatz von Leben und ›Kunst‹ kultiviert und dabei die ›Kunst‹ sehr literarisch verstanden, sie mit dem ›Geiste‹ in eins gerechnet hatte, so war in der dramatischen Novelle diese ideelle Einheit – und das war ein ›Fortschritt‹! – durchaus zerrissen; die Antithese lautete nunmehr: ›Geist gegen Kunst‹ oder auch ›Geist gegen Leben‹, denn Kunst war hier ganz als Leben begriffen, Leben und Kunst zu einer Idee verschmolzen, wie vordem Kunst und Geist; der Geist, der reine Geist erschien separiert, als Literatur, als Kritik, als ›Heiligkeit und Wissen‹, und der Held dieser Diskurse war der durchaus Geistige und Geistliche, der Kritiker, der Literat, oder, in seiner Sprache, der Prophet: denn wenn er den Propheten als einen Künstler definiert, der zugleich ein Heiliger sei, so gibt er damit auch die Definition des Literaten.«

GW XII. S. 91–93.

Martin Havenstein, der den »Tonio Kröger« ein Stück der »herrlichsten Gedankenlyrik in Prosa« nennt, schreibt über die ›Abstammung‹ des Titelhelden:

»Die Ableitung der inneren Zerspaltenheit Tonio Krögers aus seiner Herkunft von einem bürgerlichen Vater und einer Mutter ›von unbestimmt exotischem Blut‹ ist eine Verflachung, die nur daraus zu begreifen ist, daß sich dem Dichter hier ein persönliches, allzupersönliches Erleben in die typisch höchst bedeutsame Gestaltung störend eingedrängt hat, die schmerzliche Erfahrung nämlich, daß er sich weder unter Künstlern noch unter Bürgern wirklich wohl fühlte, daß ihn, den Wohlerzogenen, jene durch ihre schlechten Manieren und ihr ganzes Gehabe abstießen, während er bei diesen so wenig Verständnis fand, daß sie versucht waren, ihn zu verhaften. So begreiflich und biographisch interessant es nun auch sein mag, daß der junge Thomas Mann an dem ethisch und zum Teil auch völkisch wurzellosen, lärmenden Literatentum der Zeit um die Jahrhundertwende keinen Geschmack fand, und daß er sich daher aus den Münchener Kaffees und Ateliers fortsehnte nach den vornehmen Bürgerhäusern, in denen er seine Jugend verlebt hatte, – dies, und dies allein, erklärt sich aus seiner Herkunft – so ist es doch nicht geeignet, zur Lösung des Problems zu dienen, das Tonio Kröger darstellt. [...]

Die geschichtliche Zufälligkeit der Abstammung Tonio Krögers ist u. E. gänzlich belanglos für das, worum es sich eigentlich in der Novelle handelt. Wenn wir in ihr wirklich die Lösung des Tonio-Kröger-Problems sehen müßten, so würde die herrliche Dichtung von ihrer Höhe alsbald beträchtlich herabsinken. Aber der Dichter gibt selbst zu verstehen, daß ihm die Herkunft seines Helden nicht so wichtig ist wie den Literarhistorikern die seine. Er hätte sonst den ernsten Herrn Vater und die ein wenig ›liederliche‹ Frau Mutter weit ausführlicher geschildert. Er weiß es, sein *Tonio Kröger stammt aus einer weltbekannten, weitverzweigten Familie von höchstem Geistesadel, deren berühmteste Glieder Hamlet und Tasso sind. Von diesen geistigen Vorfahren, nicht von seinen ganz gleichgültigen leiblichen Eltern, hat er sein seelisches Erbe.* Dies fühlt jeder, der die Novelle mit Verständnis liest, und hierauf beruht ihre hohe Bedeutung und ihre starke Wirkung auf die edlere Jugend unserer Zeit. Tonio Kröger ist ein moderner Tasso – *das* ist die Lösung seines Wesensrätsels, nicht die von Lisaweta angegebene.

Der Vergleich der beiden von Dichtern gestalteten Dichter ist lehrreich. Tasso ist ungleich tragischer als sein moderner Nachfahre. Der Widerstreit seines Inneren ist so heftig, daß er ihn eines Tages zerstören muß, auch wenn er sich nach dem, was Goethe ihn erleben läßt, noch einmal beruhigt. Tonio Kröger ist über den Kampf, der Tasso erschüttert und zerreißt, eigentlich hinaus. Er sehnt sich nach dem ›Leben‹, aber die Leier, oder besser: die Feder wegzuwerfen und es nun wirklich mit dem Leben zu versuchen, dieser Gedanke kommt ihm nicht. Er hat auf das Leben verzichtet und sich abgefunden mit seiner lorbeergeschmückten Schreibtisch-Existenz, und so liegt über seinem Dasein wohl eine gewisse Wehmut, aber keine Tragik, sein Schicksal rührt uns, aber es erschüttert uns nicht wie dasjenige Tassos, der sich nicht begnügt, das Leben zu betrachten und zu besingen, der es auch *leben* möchte, wozu er doch nicht geboren ist. Tasso ist persönlich weit kränker als Tonio Kröger, er ist hochgradig neurasthenisch[3] und muß im Irrenhause enden, während Tonio zwar körperlich zart ist, aber doch, wenn er nicht zu viel Zigaretten raucht (wohl seine einzige Gefahr), in leidlicher Gesundheit ein hohes Alter erreichen kann. Kulturgeschichtlich betrachtet aber, als typischer Vertreter seines Zeitalters, ist Tasso jugendlicher, lebensvoller, weniger dekadent als Tonio Kröger. Den Gegensatz von Kunst und Leben fühlt er zwar schon, aber er möchte ihn überwinden, möchte Held und Dichter zugleich sein, und er überwindet ihn auch wirklich insofern, als er mit seinem Dichten im Dienste des Lebens steht, indem er es durch seine idealisierende Nachgestaltung erhöht und verklärt und dem tätigen Menschen leuchtende Vorbilder vor Augen malt. Tonio Kröger vermag das nicht mehr. Er hat für solche Schwärmerei nur ein Lächeln, ein wehmütiges und zugleich überhebliches Lächeln. In ihm hat sich die Trennung von Geist und Leben vollzogen, gegen die sich Tasso wehrt. Er ist nur noch Zuschauer beim Spiel des Lebens und *will* auch nicht mehr mitspielen, weil er es nicht mehr *kann*, weil er nicht mehr die Kräfte, die Glaubens- und Willenskräfte dazu hat. Er ist ärmer als Tasso, ärmer an dem wertvollsten menschlichen Besitz, an Leben, dafür freilich reicher an ›Geist‹.«

Martin Havenstein: Thomas Mann. Der Dichter und Schriftsteller. Berlin: Wiegandt & Grieben, 1927. S. 227–229.

Hans Eichner hat die literarische Tradition der »Tonio Kröger«-Problematik genauer untersucht:

»Gewiß geht Mann im ›Tonio Kröger‹ vor allem in Nietzsches Spuren, von dessen Analyse des Künstlers, insbesondere den Angriffen auf Wagner, er einen wesentlichen Teil

3 nervenschwach, erschöpft durch Krankheit oder Überarbeitung.

seiner Psychologie und nicht zuletzt die Schärfe und Bitterkeit seiner Polemik übernahm; aber die Ästhetik, auf der er fußt, läßt sich als letzter Ausläufer einer Tradition begreifen, die über die Romantik und Grillparzers ›Sappho‹ bis zur deutschen Klassik zurückreicht. So meint Friedrich Schlegel in einem seiner Lyceums-Fragmente, um über einen Gegenstand gut schreiben zu können, dürfe man sich nicht mehr für ihn interessieren,[4] und schon Schiller unterscheidet zwischen Gefühlen, die der Kunst, und Gefühlen, die dem Leben angehören: ›Die Göttinnen des Reizes und der Schönheit‹, heißt es in seiner Rezension von Bürgers Gedichten, ›sind sehr eigensinnige Gottheiten. Sie belohnen nur die Leidenschaft, die sie selbst einflößen; sie dulden auf ihrem Altar nicht gern ein anderes Feuer als das Feuer einer reinen, uneigennützigen Begeisterung. Ein erzürnter Schauspieler wird uns schwerlich ein edler Repräsentant des Unwillens werden; ein Dichter nehme sich ja in acht, mitten im Schmerz den Schmerz zu besingen.‹

Was Goethe betrifft, so gibt es freilich Stellen genug, die Schillers und Manns Ansicht glatt zu widersprechen scheinen, aber schon früh finden sich Belege, daß er recht wohl um das Problem wußte: ›Ich bin so glücklich, mein Bester‹, läßt er seinen Werther schreiben, ›so ganz in dem Gefühle von ruhigem Dasein versunken, daß meine Kunst darunter leidet. Ich könnte jetzt nicht zeichnen, nicht einen Strich, und bin nie ein größerer Maler gewesen als in diesen Augenblicken.‹[5] Das ist genau das Erlebnis des Literaten im ›Tonio Kröger‹, der sich vor dem überwältigenden Eindruck des

4 Gemeint ist das 37. »Lyceum«-Fragment, in dem es im Anschluß an die zitierte Stelle heißt: »[. . .] der Gedanke, den man mit Besonnenheit ausdrücken soll, muß schon gänzlich vorbei sein, einen nicht mehr eigentlich beschäftigen. Solange der Künstler erfindet und begeistert ist, befindet er sich für die Mitteilung wenigstens in einem illiberalen Zustande.« (Friedrich Schlegel, »Schriften zur Literatur«, hrsg. von Wolfdietrich Rasch, München 1972, S. 10f.)

5 Vgl. Werthers Brief vom 10. Mai (Reclams Universal-Bibliothek, 67 [2], S. 7); in der Erzählung »Enttäuschung« (1898) zitiert Th. Mann aus Goethes »Werther« (vgl. GW VIII, S. 67).

Frühlings ins Kaffeehaus flüchten muß, um schreiben zu können. Und dem Kanzler von Müller hat der alte Goethe einmal erklärt, er könne nie etwas hervorbringen, ›wenn sein Gefühl zu mächtig aufgeregt sei‹[6].
So absurd, wie manche Kritiker es wahr haben wollten, sind Manns frühe Ansichten also nicht. Aber man mag zugeben, das ›warme, herzliche Gefühl‹ und der Schaffensprozeß schlössen einander aus, ohne deshalb den Künstler für etwas ›Außermenschliches und Unmenschliches‹ zu halten; schließlich malt, schreibt oder komponiert man nicht ununterbrochen, man ›lebt‹ auch, und ›der Mensch gewinnt, was der Poet verliert‹ ... Aber für Tonio besteht der Fluch des Künstlerschicksals eben darin, daß er nicht aufhören kann, zu erkennen, zu merken, zu beobachten und das Beobachtete beiseitezulegen. Selbst wenn er bereit wäre, den Dichter verlieren zu lassen, damit der Mensch gewönne – seine Antwort müßte doch ewig die Tassos an den Herzog sein:

›Ich halte diesen Drang vergebens auf,
Der Tag und Nacht in meinem Busen wechselt.
Wenn ich nicht sinnen oder dichten soll,
So ist das Leben mir kein Leben mehr.‹[7]

So ist Tonio Kröger, nach einem Wort Martin Havensteins, ein ›moderner Tasso‹.[8]
Allerdings ein *moderner* Tasso – und das nicht nur, weil die Definition des Dichters als eines ›Erkennenden‹ in dem Sinne, in dem sie Thomas Mann von Nietzsche übernommen hat, unklassisch ist: die ›gemeine‹ Wirklichkeit, die sich letztlich als ›Komik und Elend‹ entpuppt, stellt der klassische Dichter nicht dar, und was den Spezialfall Tasso betrifft, so muß es ihm ja die Prinzessin sagen, daß er das Gegenwärtige ganz *verkennt*. Aber noch in einer zweiten,

6 Anm. Eichners: »Goethes Gespräche, ed. Biedermann, Leipzig, 1909/11, Bd. 3, S. 435. Vgl. auch Goethes Brief an Cotta vom 3. 6. 1816, Weimarer Ausg., Bd. 27, S. 45.«
7 Goethe, »Torquato Tasso« V,2 (V. 3079–82).
8 Vgl. den oben abgedruckten Abschnitt aus Havensteins Buch.

höchst wesentlichen Beziehung steht die Erlebniswelt Goethes der Thomas Manns diametral gegenüber – in der Intensität des Empfindens der einen oder der anderen Art. Tasso, Werther und Faust sind hier die vollen Ebenbilder ihres Dichters. Lotte spricht mit Recht von Werthers Heftigkeit, der ›unbezwinglichen Leidenschaft für alles, was er anfaßt‹, diesem selbst erscheint es in einer klaren Stunde, seine Leidenschaften wären ›nie weit vom Wahnsinn‹, und Goethe feiert im eigenen Namen die Macht des Gefühls als Gabe der Götter:

›Alles geben die Götter, die unendlichen,
Ihren Lieblingen ganz,
Alle Freuden, die unendlichen,
Alle Schmerzen, die unendlichen, ganz.‹[9]

Diese Heftigkeit des Gefühls wird oft mit der lyrischen Begabung in Verbindung gebracht, die, ein wesentlicher Teil von Goethes Genius, bei Thomas Mann fehlt. Der namenlose Held von Manns Kurzgeschichte ›Enttäuschung‹ ist so bereit wie Goethes Faust, die Schmerzen und Freuden der ganzen Menschheit auf sich zu nehmen, er sehnt sich ›nach dem Erlebnis, gleichviel welcher Art, nach dem berauschend herrlichen Glück und dem unsäglich, unahnbar furchtbaren Leiden‹[10], aber er sehnt sich vergebens. Damit hat aber auch das Grundproblem des Künstlers in den beiden Fällen eine andere Gestalt: Goethe, bald ›himmelhoch jauchzend‹, bald wieder ›zum Tode betrübt‹, braucht die Katharsis[11] des Schaffens, sein Tasso dankt der befreienden Macht der Kunst in unsterblichen Worten:

›Und wenn der Mensch in seiner Qual verstummt,
Gab mir ein Gott, zu sagen, wie ich leide.‹[12]

9 Goethe, »Gedenkausgabe der Werke, Briefe und Gespräche«, hrsg. von Ernst Beutler, Bd. 2, Zürich 1953, S. 45.
10 Vgl. GW VIII, S. 64.
11 (griech.) Reinigung, befreiende Wirkung. Aristoteles verwendet den Begriff in seiner Tragödiendefinition.
12 Goethe, »Torquato Tasso« V,5 (V. 3432 f.).

Thomas Mann hingegen leidet gar nicht an überschüssiger Kraft, sondern am genauen Gegenteil davon, und so ist seinem Tonio die ›erlösende Macht der Sprache‹ ein Übel, das die letzten Reste des warmen Gefühls in ihm ertötet – oder zumindest zu ertöten scheint. Denn seine Liebe für Hans, Inge und ihre Art überdauert, und schließlich erkennt Tonio, daß die Kunst zwar vielleicht ein Verrat am Leben, seine ›Bürgerliebe zum Menschlichen, Lebendigen und Gewöhnlichen‹ aber gewiß kein Verrat an der Kunst ist, daß sie es ist, die ›aus einem Literaten einen Dichter‹ macht [. . .].

Wenn Mann seinen Tonio aber am Ende der Novelle erkennen läßt, daß seine Liebe zum Leben ganz so Bedingung seiner Kunst ist wie seine kühle Objektivität, so wird hier das Schema der Antithesen zum ersten Male durchbrochen. Lebensliebe und Lebensferne, Leben und Geist – im Künstler sind sie vereinigt, die Gegensätze können und sollen geschlichtet werden: mit dem Entweder-Oder ist es nicht getan. So nähert sich Mann der Weisheit des alten Goethe: ›Man weicht der Welt nicht sicherer aus als durch die Kunst, und man verknüpft sich mit ihr nicht sicherer als durch die Kunst.‹[13] Die Richtung zur Synthese ist eingeschlagen.«

Hans Eichner: Thomas Mann. Eine Einführung in sein Werk. 2., veränd. Aufl. Bern: Francke, 1961. S. 19–22 und 24 f.

Helmut Jendreiek verweist auf Nachwirkungen Theodor Storms, und zwar insbesondere auf Parallelen zu dessen Novelle »Pole Poppenspäler« (1874):

»Tatsächlich läßt sich die Nachwirkung Storms bis in die thematisch-strukturale Konzeption des ›Tonio Kröger‹ nachweisen. Mit seiner Novelle ›Pole Poppenspäler‹ hat Storm eine Gestaltung der Künstler-Bürger-Problematik vorgelegt, die sich in einzelnen Parallelismen im ›Tonio

13 Goethe, »Die Wahlverwandtschaften«, T. 2, Kap. 5 (Reclams Universal-Bibliothek, 7835 [3], S. 165).

Kröger‹ wiederholt. Bei Storm ist der Künstler bereits der vom Leben bürgerlicher Normalität Ausgeschlossene, der Unstete ohne Bindung und Geborgenheit, der allein durch sein existentielles Anderssein diskreditiert und durch Vorurteile zu Unrecht als Krimineller verdächtigt und zeitweise inhaftiert wird. Was ihn zum Künstler macht, die ästhetische Freiheit und seine schöpferische Phantasie, unterscheidet ihn vom Bürger und der auf sozialen Bindungen, Pflichten und Regeln basierenden bürgerlichen Moralität.

Wie bei Thomas Mann ist schon bei Theodor Storm in ›Pole Poppenspäler‹ die Spannung zwischen Bürgerlichkeit und Künstlertum mit dem Nord-Süd-Gegensatz verpaart. Mit dem Begriff der Nördlichkeit verbindet sich die Vorstellung des bürgerlichen Pflicht- und Leistungsethos, mit dem der Südlichkeit die Vorstellung eines Lebens der ästhetischen Phantasie und des bindungslosen Künstlertums. Die Lösung, um die bei Thomas Mann Tonio ringt, ist bei Storm vorgebildet. Der Antagonismus zwischen der bürgerlichen und der künstlerischen Form der Existenz löst sich in ›Pole Poppenspäler‹ durch die Idee eines Künstlertums des bürgerlichen Pflicht- und Leistungsethos. In der Gestalt des Puppenspielers Joseph Tendler wird der Beweis erbracht, daß dem Künstler die sittlichen Qualitäten der Bürgerlichkeit eigen sein können und die Synthese zwischen Kunst und Bürgerlichkeit möglich ist. Die Differenz zu Storm liegt bei Thomas Mann in der repräsentativen Ausweitung des Konflikts und seiner Steigerung zum Symbol einer humanen Grundsituation von universaler Bedeutung. Während Storm den Akzent auf den Nachweis setzt, daß der Künstler zur Bürgerlichkeit fähig ist, und das Künstlerische bei ihm durch die Symbiose mit dem Bürgerlichen zu seiner moralischen Rechtfertigung gelangt, dient die Versöhnung zwischen Künstlertum und Bürgerlichkeit bei Thomas Mann der Kunst selbst, ihrer produktiven Steigerung und sozialen Humanisierung, autobiographisch der Selbstbehauptung eines Künstlers großbürgerlicher Herkunft, der bürgerlich bestehen und allen antikünstlerischen Skeptizismus des Bürgertums durch Theorie und Leistung widerlegen und versöhnen möchte.«

Helmut Jendreiek: Thomas Mann. Der demokratische Roman. Düsseldorf: Bagel, 1977. S. 198 f.

Nach Helmut Koopmann ist der »Tonio Kröger« unmittelbarer Hinweis auf eine Wandlung im Selbstverständnis Thomas Manns, auf dessen »Einschwenken ins bürgerliche Fahrwasser«:

»Allzuoft hat man hier nur die Künstlerthematik und die Künstlerproblematik gesehen und nicht die, gemessen an den frühen Novellen, höchst intensive Auseinandersetzung mit dem Phänomen der Bürgerlichkeit. Sie vollzieht sich nicht zufällig in einer Erzählung, die von der Rückkehr in die Heimat handelt, in die heimatliche, altvertraute und unvergessene, sofort wieder gegenwärtige Welt der Bürgerlichkeit. Daß es Thomas Manns persönlichste Novelle ist, bedarf dabei kaum einer Erwähnung; die Ähnlichkeiten zwischen Autor und Held sind zu deutlich, auch wenn wir nicht wüßten, daß Thomas Mann einen Brief an die Brüder Paul und Carl Ehrenberg vom 8. Februar 1901 mit ›Euer Tonio Kröger‹ unterzeichnet hat. Es ist die Geschichte des in die Bürgerlichkeit zurückkehrenden ›Künstlers‹, und die zentralen Partien in dieser Geschichte sind das Gespräch mit Lisaweta Iwanowna und der Brief an sie am Ende der Novelle. Tonio Kröger formuliert nichts Geringeres als die Absage an die Welt des reinen Künstlers, des Artisten, die ihm plötzlich als eine außermenschliche und unmenschliche Sphäre erscheinen will, und er formuliert sehr deutlich, wie die Daseinsform des Künstlers in seinen Augen sich nun ausnimmt: ›Die Begabung für Stil, Form und Ausdruck setzt bereits dies kühle und wählerische Verhältnis zum Menschlichen, ja, eine gewisse menschliche Verarmung und Verödung voraus.‹ Noch deutlicher zu Lisaweta: ›Ich sage Ihnen, daß ich es oft sterbensmüde bin, das Menschliche darzustellen, ohne am Menschlichen teilzuhaben.‹ Im Verlauf des Gesprächs, das mehr Monolog ist als Dialog, kommt Tonio Kröger auf den rätselhaften Gegensatz des Künstlers, ›zu den anderen, den Gewöhnlichen, den Ordentlichen‹ zu sprechen, auf die Isolation des Künstlers, das ›Gefühl der Separation und Unzugehörigkeit‹, und der Satz ›In den Zügen eines Fürsten, der in Zivil durch eine Volksmenge schreitet, kann man etwas Ähnliches beobachten‹ exponiert bereits Thomas Manns nächsten Roman, der vom gleichen handeln wird: ›Königliche Hoheit‹. So geht es weiter, bis hin zu dem Bekenntnis Krögers, daß er im Grunde seiner Seele gegen den Typus des Künstlers den ganzen *Verdacht* hege, den jeder seiner Vorfahren ›droben in der engen Stadt irgendeinem Gaukler und abenteuernden Artisten entgegengebracht hätte, der in sein Haus gekommen wäre‹. Lisaweta aber hat am Ende dieser langen bekenntnishaften Tiraden über den Unwert des Künstlers und den Wert des Lebens nur die eine völlig richtige Antwort, daß Tonio Kröger ein Bürger auf Irrwegen, ein verirrter Bürger sei – und eben darum, um die Erkenntnis dieses Irrtums und seine Berichtigung, um den Weg zurück ins Bürgerliche geht es in dieser Novelle, und kaum etwas anderes könnte deutlicher die Wandlung zeigen, die sich im Selbstverständnis Thomas Manns vollzog und die hier im Werk, wenn auch hochstilisiert und ins Extrem getrieben, zum Ausdruck kommt. Im Abschlußbrief Tonio Krögers spiegelt sich zum anderen Male die Rückkehr in die Bürgerlichkeit und die Erkenntnis, daß ›Leben‹ und ›Bürgertum‹ ein und dasselbe sind. Er bekennt: ›Denn mein bürgerliches Gewissen ist es ja, was mich in allem Künstlertum, aller Außerordentlichkeit und allem Genie etwas tief Zweideutiges, tief Anrüchiges, tief Zweifelhaftes erblicken läßt, was mich mit dieser verliebten Schwäche für das Simple, Treuherzige und Angenehm-Normale, das Ungeniale und Anständige erfüllt.‹

So bekommt das Bürgerliche plötzlich Konturen, festere Gestalt: aus dem bloß Atmosphärischen ist Normalität und Anständigkeit geworden, ersteres vielleicht, letzteres sicherlich ein positiver Wert auch jenseits enger bürgerlicher Moralvorstellungen. Es wäre falsch, in der Liebe Tonio Krögers zu den Blonden und Blauäugigen die ganze neue Bürgerlichkeit zu sehen. Bürgerlich ist nicht bloß das Helle, Lebendige, Glückliche, Liebenswürdige, Naive und Unproblematische. Denn zum Bürgerlichen gehört hier auch Lebenszugewandtheit und Lebensfähigkeit, das Vermögen, sich im Alltäglichen zu bewegen und eine gewisse Problemlosigkeit des Umgangs miteinander: das Soziale also oder jedenfalls etwas, das Thomas Mann später so nennen wird. In diesen Bestimmungen spiegelt sich nicht nur das veränderte Selbstverständnis Thomas Manns nach dem ›Tristan‹, sondern zunächst einmal eine neue, positive Bestimmung des Bürgerlichen. Bürgerlichkeit ist fortan nicht mehr bloß die seit altersher vertraute Atmosphäre, sondern ein Wert; und schattenhaft zeichnet sich hier schon ab, was Bürgerlichkeit im folgenden Jahrzehnt bedeuten wird.«

Helmut Koopmann: Thomas Mann. Konstanten seines literarischen Werks. Göttingen: Vandenhoeck & Ruprecht, 1975. S. 87–89.

Ausgehend von Tonios programmatischer Schlußäußerung im Brief an Lisaweta gibt Inge Diersen folgende Deutung aus marxistischer Sicht:

»Das ist ein großes Programm auf einer schwachen und unsicheren Grundlage. Denn Grundlage ist eine sozial diffuse Vorstellung vom Bürgerlichen wie vom Leben. ›Bürgerliebe zum Menschlichen, Lebendigen und Gewöhnlichen‹ – eine solche Formulierung ist nur verständlich, wenn wir von Thomas Manns Grunderfahrung ausgehen und von den weltanschaulichen Voraussetzungen, die er hat, um zu verallgemeinern. Die Grunderfahrung ist sozial konkret: die Kunstfeindlichkeit der Bourgeoisie, die Inhumanität der kapitalistischen Gesellschaft, die Unvereinbarkeit von Kunst und Geschäft. Die intellektuelle Verallgemeinerung aber ist idealistisch, ist von bürgerlicher Philosophie, besonders von Nietzsche beeinflußt: Er nimmt einen abstrakten, ›ewigen‹ Gegensatz von Künstler und Bürger, von Kunst und Leben an. Da aber seine eigene Erfahrung als Künstler ihn lehrt, daß Kunst ohne Kontakt zum Leben, ohne Liebe zum Menschen nicht gedeihen kann, daß sie dann im bloß Artifiziellen erstarrt und letztlich menschenfeindlich wird, muß er zu Lösungen kommen, die bei allen Möglichkeiten zu großer humanistischer Kunst auch die Gefahr des Kompromisses mit dem Bestehenden in sich bergen.

Im ›Tonio Kröger‹ – und das macht nicht zuletzt die Bedeutung der Erzählung aus – versteht es Thomas Mann, dieser Gefahr zu entgehen. Das ›Menschliche, Lebendige und Gewöhnliche‹, dem die Liebe gilt, ist in seiner konkreten Erscheinungsform bourgeoises Leben, großbürgerliches in den Jugendepisoden, kleinbürgerliches in Aalsgaard. Von der Erkenntnis und Erfahrung, daß es damit keine Gemeinsamkeit gibt, kann Tonio Kröger – und kann Thomas Mann – nichts zurücknehmen. So sucht Tonio Kröger denn auch keine Verbrüderung mit Hans Hansen und Ingeborg Holm. Distanz bleibt geboten. Nur zu einer raschen Hilfeleistung verläßt der Dichter seinen Beobachterposten im Dunkeln, außerhalb des bürgerlichen Ballsaales.

Kunst als Hilfeleistung für eine ›ungeborene und schemenhafte Welt‹, ›die geordnet und gebildet sein will‹, für ›ein Gewimmel von Schatten menschlicher Gestalten‹, die dem Dichter winken, daß er ›sie banne und erlöse‹ – das ist das Kernstück von Tonio Krögers – und Thomas Manns – poetischem Programm, einem Programm, das groß genug ist, ein ganzes langes Leben auszufüllen. Und es fällt nicht schwer, Thomas Manns spätere große Werke bis hin zu seinem Alterswerk zu dem frühen Tonio-Kröger-Programm in Beziehung zu setzen. Doch erst einmal muß geraume Zeit vergehen, muß er neue und auch bittere Erfahrungen machen und muß vor allem weltanschaulich reifen, bevor er einen blond-blauäugigen ›Schatten‹ ›bannen und erlösen‹

kann. Der Schatten heißt dann auch Hans, Hans Castorp, und im ›Zauberberg‹ erzählt Thomas Mann die Geschichte seiner Menschwerdung, der ›Erlösung‹ eines Bürgers zum Menschen.«

Inge Diersen: Thomas Mann. Episches Werk – Weltanschauung – Leben. Berlin/Weimar: Aufbau-Verlag, 1975. S. 74 f.

2. ›Musikalische Komposition‹

Seinem Jugendfreund Otto Grautoff legte Thomas Mann am 26. November 1901 brieflich nahe, in einer geplanten Besprechung der »Buddenbrooks« besonders die »eminent epische Wirkung des *Leitmotivs*« und das »*Wagnerische* in der Wirkung dieser wörtlichen Rückbeziehung über weite Strecken hin« hervorzuheben. Im Juli 1907, nach Fertigstellung des umfänglichen Aufsatzes »Versuch über das Theater« (1908) und der Wiederaufnahme der Arbeit am Roman »Königliche Hoheit« (1909), hat THOMAS MANN die Art seines ›Komponierens‹ genauer beschrieben:

»Ich bin von der zeitraubenden schriftstellerischen Abschweifung zu meiner ›Musik‹, meinem Roman zurückgekehrt [. . .]. Jeden Vormittag ein Schritt, jeden Vormittag eine ›Stelle‹, – das ist einmal meine Art, und sie hat ihre Notwendigkeit. In einer warmherzigen und ungewöhnlich feinfühligen Besprechung, die Dr. Alexander Pache neulich in den ›Hamburger Nachrichten‹ meinen literarischen Bemühungen widmete, machte er auf meine Kompositionsart aufmerksam; er schilderte, wie ich das vielgebrauchte Kunstmittel des ›Leitmotivs‹ ausgebildet und verinnerlicht hätte, wie es bei mir nicht mehr ein bloßes Merkwort physiognomischen und mimischen Inhalts bleibe, sondern ›direkt musikalisch‹ verwandt werde und für die ganze Darstellungsweise und Stilfärbung bestimmend sei. [. . .] Nun, diese Machart allein würde genügen, meine Langsamkeit zu erklären. Es handelt sich dabei weder um Ängstlichkeit noch um Trägheit, sondern um ein außerordentlich lebhaftes Verantwortlichkeitsgefühl, das nach vollkommener Frische verlangt und mit dem man nach der zweiten Arbeitsstunde lieber keinen irgend wichtigen Satz mehr unternimmt. Aber welcher Satz ist ›wichtig‹ und welcher nicht? Weiß man es denn zuvor, ob ein Satz, ein Satzteil nicht vielleicht berufen ist, wiederzukehren, als Motiv, Klammer, Symbol, Zitat, Beziehung zu dienen? Und ein Satz, der zweimal gehört werden soll, muß danach sein. Er muß – ich rede nicht von ›Schönheit‹ – eine gewisse Höhe und symbolische Stimmung besitzen, die ihn würdig macht, in irgendeiner epischen Zukunft wiederzuerklingen. So wird jede Stelle zur ›Stelle‹, jedes Adjektiv zur Entscheidung, und es ist klar, daß man auf diese Weise nicht aus dem Handgelenk produziert. Ich blicke in dieses oder jenes gern gelesene erzählende Werk und ich sage mir: ›Nun ja, ich will glauben, daß das flink vonstatten gegangen ist!‹ Was mich betrifft, so heißt es, die Zähne zusammenbeißen und langsam Fuß vor Fuß setzen, – heißt es, Geduld üben, den halben Tag müßig gehen, sich schlafen legen und abwarten, ob es nicht morgen bei ausgeruhtem Kopf doch vielleicht besser wird. Irgend etwas Größeres fertigzumachen, dem einmal Unternommenen die Treue zu halten, nicht davonzulaufen, nicht nach Neuem, in Jugendglanz Lockendem zu greifen, dazu gehört bei meiner Arbeitsart in der Tat eine Geduld – was sage ich! eine Verbissenheit, ein Starrsinn, eine Zucht und Selbstknechtung des Willens, von der man sich schwer eine Vorstellung macht und unter der die Nerven, wie man mir glauben darf, oft bis zum Schreien gespannt sind.«

GW XI. S. 715–717.

In dem von Thomas Mann erwähnten, am 16. Juni 1907 in der »Belletristisch-Literarischen Beilage der Hamburger Nachrichten« erschienenen Artikel führt ALEXANDER PACHE aus:

»Es ist ein auch von früheren Epikern viel geübter Brauch,

durch gewisse, feststehende Bezeichnungen und stetig wiederkehrende Stimmungsmotive dem Gedächtnis des Lesers zu Hilfe zu kommen und dadurch zugleich sich selbst die Arbeit des Charakterisierens zu erleichtern und zu vereinfachen. Mann geht viel weiter in diesem althergebrachten Recht: er verwendet die Leitmotive nicht nur als äußerliche Merkworte, sondern direkt musikalisch, und an bedeutsamen Stellen der Handlung werden sie zu festen Verbindungsklammern, die die Einzelteile bedeutsam herausheben und zugleich dem Ganzen unlösbar und wirkungsvoll eingliedern. Sie sind überhaupt bezeichnend für seine ganze Darstellungsart, seine Kompositionsweise, seine Stilfärbung. Im allgemeinen dienen sie als Gedächtnishilfen, kleine, an klug berechneten Stellen wiederkehrende Charakteristika verschiedensten Inhalts, mit denen der Dichter die intimsten Wirkungen zu erzielen weiß.

Im ersten Novellenbändchen sind sie noch wenig zahlreich und fast durchweg – nach altem Brauch, wie bei Spielhagen, Fontane, Keller und vielen anderen – physiognomischen und mimischen Inhalts, ihre Verwendung steigert sich bereits zu raffinierter Kunst in den ›Buddenbrooks‹; die genialste Verwendung finden sie in Manns drittem Buch, vor allem in der letzten Novelle ›Tonio Kröger‹, wo nur mit ihrer Hilfe die gesamte innerliche Stimmung – und diese Beichte ist ganz Stimmungsnovelle – erzielt, nüanciert und ebenso eindringlich wie unaufdringlich kontrastiert wird. [...]

Die Bezeichnung ›Leitmotiv‹ für diese Eigenart Mannscher Technik verrät schon ihre hohe Wichtigkeit als Hauptzug seines künstlerischen Porträts: Mann ist nicht nur Dichter, er ist im selben Maße musikalisch, und gerade die seltene, pikante Mischung von schonungslosester, realistischer Härte und weichster, musikalischer Empfindung gibt ihm seine persönliche Note und seinen Kunstwerken ihren eigentlichen Reiz.

Mit dem Feingefühl eines guten Komponisten baut er seine Handlung auf und tönt die Einzelwirkungen feinsinnig und feinhörig gegeneinander ab. Schon die kunstvolle Art, in der er die einzelnen Novellen in ihrer Folge anordnet, beweist, wie er in erster Linie musikalisch empfindet. Seine Bücher gleichen darin effektvoll zusammengestellten Rhapsodien.«

Hamburger Nachrichten. 1907. Beilage Nr. 24. S. 2.

Im »Lebensabriß« schreibt THOMAS MANN 1930 in bezug auf den »Tonio Kröger«:

»Die Erzählung hat vor dem ihr nächstverwandten ›Tod in Venedig‹ den Schmelz jugendlicher Lyrik voraus, und rein künstlerisch genommen mögen es ihre musikalischen Eigenschaften sein, die ihr Sympathien gewannen. Hier wohl zum erstenmal wußte ich die Musik stil- und formbildend in meine Produktion hineinwirken zu lassen. Die epische Prosakomposition war hier zum erstenmal als ein geistiges Themengewebe, als musikalischer Beziehungskomplex verstanden, wie es später, in größerem Maßstabe, beim ›Zauberberg‹ geschah. Auch wenn man diesen dahin bestimmt hat, er gebe ein Beispiel ab für den ›Roman als Ideenarchitektur‹, so geht die Neigung zu solcher Kunstauffassung bis zum ›Tonio Kröger‹ zurück. Vor allem war darin das sprachliche ›Leitmotiv‹ nicht mehr, wie noch in ›Buddenbrooks‹, bloß physiognomisch-naturalistisch gehandhabt, sondern hatte eine ideelle Gefühlstransparenz gewonnen, die es entmechanisierte und ins Musikalische hob.«

GW XI. S. 115 f.

In einer für Studenten der Universität Princeton bestimmten »Einführung in den ›Zauberberg‹« legt THOMAS MANN im Mai 1939 dar:

»Kunst soll keine Schulaufgabe und Mühseligkeit sein, keine Beschäftigung contre cœur[14], sondern sie will und soll Freude bereiten, unterhalten und beleben, und auf wen ein Werk diese Wirkung nicht übt, der soll es liegenlassen und

14 (frz.) ›gegen das Herz‹; mit Widerwillen.

sich zu andrem wenden. Wer aber mit dem ›Zauberberg‹ überhaupt einmal zu Ende gekommen ist, dem rate ich, ihn noch einmal zu lesen, denn seine besondere Machart, sein Charakter als Komposition bringt es mit sich, daß das Vergnügen des Lesers sich beim zweiten Mal erhöhen und vertiefen wird, – wie man ja auch Musik schon kennen muß, um sie richtig zu genießen. Nicht zufällig gebrauchte ich das Wort ›Komposition‹, das man gewöhnlich der Musik vorbehält. Die Musik hat von jeher stark stilbildend in meine Arbeit hineingewirkt. Dichter sind meistens ›eigentlich‹ etwas anderes, sie sind versetzte Maler oder Graphiker oder Bildhauer oder Architekten oder was weiß ich. Was mich betrifft, muß ich mich zu den Musikern unter den Dichtern rechnen. Der Roman war mir immer eine Symphonie, ein Werk der Kontrapunktik, ein Themengewebe, worin die Ideen die Rolle musikalischer Motive spielen. Man hat wohl gelegentlich – ich selbst habe das getan – auf den Einfluß hingewiesen, den die Kunst Richard Wagners auf meine Produktion ausgeübt hat. Ich verleugne diesen Einfluß gewiß nicht, und besonders folgte ich Wagner auch in der Benützung des Leitmotives, das ich in die Erzählung übertrug, und zwar nicht, wie es noch bei Tolstoi und Zola, auch noch in meinem eigenen Jugendroman ›Buddenbrooks‹ der Fall ist, auf eine bloß naturalistisch-charakterisierende, sozusagen mechanische Weise, sondern in der symbolischen Art der Musik. Hierin versuchte ich mich zunächst im ›Tonio Kröger‹. Die Technik, die ich dort übte, ist im ›Zauberberg‹ in einem viel weiteren Rahmen auf die komplizierteste und alles durchdringende Art angewandt. Und eben damit hängt meine anmaßende Forderung zusammen, den ›Zauberberg‹ zweimal zu lesen. Man kann den musikalisch-ideellen Beziehungskomplex, den er bildet, erst richtig durchschauen und genießen, wenn man seine Thematik schon kennt und imstande ist, das symbolisch anspielende Formelwort nicht nur rückwärts, sondern auch vorwärts zu deuten.«

GW XI. S. 610f.

Bei einer Untersuchung der Leitmotivtechnik des »Tonio Kröger« kam HELMUT JENDREIEK zu folgendem Ergebnis:

»Das sprachliche Leitmotiv ist die dichterische Adaption der Kompositionstechnik Richard Wagners und hat ihr poetisches Vorbild bei Tolstoi. Während aber Tolstois Leitmotiv, nach Thomas Manns Darstellung, ›physiognomisch-naturalistisch‹ eingesetzt und auf die Wiederholung mechanischer Merkmale des Verhaltens oder Aussehens beschränkt war, erreicht es bei Thomas Mann über die Herkunft von Richard Wagner psychologische Wirkungen: Es öffnet das Erzählte für Tiefendimensionen und kann Kräfte und Bewegungen vernehmbar machen, die in der dargestellten Person wirksam, ihr aber im Augenblick des dargestellten Vorgangs selbst verborgen sind. Das sprachliche Leitmotiv wird für Thomas Mann zum gestaltungstechnischen Mittel der Ausweitung einer erzählten Wirklichkeit in die Bereiche des Unbewußten bei gleichzeitiger realistischer Widerspiegelung der begrenzten Bewußtseinslage der jeweils dargestellten Person.

Die für die Novelle zentrale Thematik des Antagonismus von Kunst und Leben wird von Thomas Mann über den Gesamtvorgang hinweg leitmotivisch ausgestaltet. Die antagonistischen Positionen sind mit einzelnen besonderen Motiven verbunden, die untereinander Motiv-Reihen bilden. Tonios Wille zum Leben und seine Sehnsucht nach Bürgerlichkeit werden vergegenwärtigt und assoziiert durch die Leitmotivreihe der Blonden und Blauäugigen, des Vaters, des Pferdebuches, des Springbrunnens und des Walnußbaums – beide übernommen aus den ›Buddenbrooks‹ und ›Tristan‹ –, des Tanzens und des Lachens. In der Technik der ironisierenden Zuordnung von Gegenmotiven ist die spezifisch ästhetische Tendenz wirksam, ein existentielles Modell durch Kontrastierung mit dem komplementären Gegenmodell zu totalisieren.

Kontrastmotiv zum Motiv der Blonden und Blauäugigen als der assoziativen Verweisung auf Lebenswillen und Lebens-

aktivismus ist das Motiv der Zigeuner im grünen Wagen: als Verweisung auf Künstlertum und Ausgeschlossenheit von bürgerlicher Normalität. Kontrastmotiv zum Motiv des Vaters als der assoziativen Verweisung auf Bürgerlichkeit und Ordnung ist das Motiv der Mutter: als Verweisung auf unbürgerlich-künstlerische ›Liederlichkeit‹. Kontrastmotiv zum Motiv der Pferdebücher als der assoziativen Verweisung auf problemlose Lebensfähigkeit ist das Motiv des Don Carlos: als Verweisung auf problematische Intellektualität. Kontrastmotiv zu dem aus den ›Buddenbrooks‹ übernommenen Motiv des Springbrunnens und des Walnußbaums als der assoziativen Verweisung auf Heimatlichkeit ist das Motiv des Meeres: als Verweisung auf den künstlerisch-epischen Willen zu einer in der Zone des Todes sich erschließenden Totalität.[15] Kontrastmotiv zum Motiv des Tanzens und Lachens als der assoziativen Verweisung auf dionysische Lebenshingabe ist das Motiv der Distanz und der ›Separation‹: zur Verweisung auf ästhetische Kontemplation als Grundverhältnis zum Leben. [. . .]
Die Beziehungen zwischen Motiv und Kontrastmotiv sind

15 Jendreiek verdeutlicht S. 191 f.: »Für Tonio hat das Meer doppelte Bedeutung: Es ist die Landschaft seines Lebens wie die Landschaft seiner Kunst und versöhnt, was in ihm getrennt ist und miteinander im Widerstreit liegt. Diese Vermittlung von Tonios existentiellem Antagonismus wird in der *siebten* Erzählphase, Meerfahrt nach Kopenhagen, zum Thema. Was sich ihm im Erlebnis des Meeres erschließt, ist die metaphysische Erfahrung der universalen Unendlichkeit von Tod und Nichts, in der das Leben total wird und Tonios ästhetische Gestimmtheit mit dem ironischen Verlangen nach Ganzheit sich selbst objektiviert. Das Meer – wie in den ›Buddenbrooks‹ – als Raum der Absolutheit des Todes vermittelt ihm die Erfahrung der Ganzheit des Lebens, erfüllt seine ironische Sehnsucht und enthebt ihn dem Leiden, so daß sein Herz ›lebt‹, weil zur Erlebniswirklichkeit geworden ist, was ihn als elementares Verlangen treibt und in Leid verstrickt. Er fühlt sich im Angesicht des Meeres einbezogen in die unendliche Universalität des Seins und hat ästhetisch teil an ihr. Daß es ihm nicht gelingt, das Erlebnis des Meeres in ein Gedicht zu bannen, mag ein hintergründiger kunsttheoretischer Hinweis auf Thomas Manns Entscheidung für die Epik gegen die Lyrik sein: die Form der künstlerischen Erfahrung des Lebens in seiner universalen Ganzheitlichkeit ist der Roman, nicht das Gedicht.« Vgl. dazu Kap. 1, Anm. zu *das Meer* . . . und Kap. 7, Anm. zu *Du meiner Jugend wilder*. . .

in den jeweiligen Verknüpfungen beliebig variabel, so daß durch Zuordnungsvariationen die Tiefenbezüge beliebig erweitert und je nach der Situation zu neuen Assoziationswirkungen umgestellt werden können. In den ersten beiden Erzählphasen werden alle Leitmotive vorgeführt, die meisten sogleich in der ersten Phase. Die späteren Wiederholungen der Motive entgrenzen die jeweilige Gegenwart und heben die Fixierungen der mechanischen Zeit assoziativ auf: In jeder Station von Tonios Leben ist die vergangene Zeit präsent, sie wirkt aus seelischen Tiefenschichten in die jeweilige Gegenwart hinein und weitet den Augenblick zur Präsenz der personalen Seinstotalität. Was von der Jugendzeit her sein Leben motivierend durchzieht, ohne selbst in sein eigenes Bewußtsein aufzusteigen, kann durch die Leitmotivtechnik in der jeweils gegenwärtigen Wirksamkeit aufgedeckt werden, so daß über die empirischen Zeitgrenzen und Erzählhorizonte hinaus die Ganzheit seiner Person als fiktionale Wirklichkeit sichtbar wird. In der Abhandlung ›Über die Kunst Richard Wagners‹ von 1911 hat Thomas Mann bekannt, daß er seine seit den ›Buddenbrooks‹ eingesetzten ›epischen Mittel‹ – ›das Motiv, das Selbstzitat, die symbolische Formel, die wörtliche und bedeutsame Rückbeziehung über weite Strecken hin‹ – der Kunst Richard Wagners verdankte; ›wie sonst nichts in der Welt‹ habe Wagners Werk ›stimulierend‹ auf seinen ›jugendlichen Kunsttrieb‹ gewirkt.[16]«

Helmut Jendreiek: Thomas Mann. Der demokratische Roman. Düsseldorf: Bagel, 1977. S. 176 bis 178.

Einen Interpretationsansatz Hermann Stresaus[17] aufgreifend, führt KURT BRÄUTIGAM zur ›musikalischen Komposition‹ des »Tonio Kröger« aus:

16 Vgl. GW X, S. 840.
17 Vgl. Hermann Stresau, »Thomas Mann und sein Werk«, Frankfurt a. M. 1963, S. 94. Siehe auch Horst Petri, »Literatur und Musik. Form- und Strukturparallelen«, Göttingen 1964, S. 43–46; sowie Mendelssohn, »Der Zauberer«, S. 516.

»Von Hanno Buddenbrook bis zu Adrian Leverkühn sind viele von Thomas Manns Gestalten der Musik verbunden. Sein eigenes Schaffen hat der Dichter mehrfach als ein ›Komponieren‹ bezeichnet. [...] Dieses musikalische Element äußert sich in vielen Werken Thomas Manns, und zwar nicht nur in der thematischen Führung (Leitmotiv usw.), sondern gelegentlich auch im Aufbau. So ist die Novelle ›Tonio Kröger‹ nach der Form des klassischen Sonatensatzes gebaut: Exposition, Durchführung und Reprise umfassen jeweils eine der drei Entwicklungsphasen Tonios. Der Exposition entspricht seine Jugend mit der ›Aufstellung‹ der beiden gegensätzlichen Themen – hier wie im Sonatensatz ein männliches = dramatisches (Hans) und ein weibliches = lyrisches (Ingeborg) Thema – mit Schlußgruppe (Kapitel I–III). Der Durchführung entspricht die Auseinandersetzung mit den Themen (Bürger – Künstler; nach Stresau ›dissonantischer Mittelsatz‹; Kapitel IV und V). Der Reprise entspricht die späte Analogie zu den Jugenderlebnissen als Zeichen der Einkehr und Heimkehr (nach Stresau ›versöhnender Ausklang‹; Kapitel VI–IX). Dabei käme dem Schlußkapitel (IX) die Rolle der Koda (Coda) zu, ausklingend mit jener Kernformel, die das Thema in kürzester Fassung enthält und die schon das erste Kapitel vorausweisend abgeschlossen hatte, Sehnsucht und Erfüllung, Ziel und Weg in einem zeigend, klangschön und voll Musikalität.

Die Reprise ändert die Exposition gelegentlich etwas ab, entsprechend dem Vorwärtsschreiten und der Entwicklung Tonios. Waren die Heimatstadt und das Vaterhaus ehedem ›Ausgangspunkt‹ für die Reise nach dem Süden, so sind sie später Zwischenstation und Ausgangspunkt für die Reise nach Norden. Hans und Inge treten in der Exposition getrennt auf, dazu im Abstand von zwei für Tonios Entwicklung bedeutsamen Jahren. In der Reprise hat die Erinnerung des gereiften Tonio die Ebenbilder zum Paar vereint und zum Typus zusammengeschlossen. Statt der Tanzstunde in Lübeck finden wir eine Tanzveranstaltung in

Aalsgaard, und statt des Herrn François Knaak einen beflissenen Adjunkten als Maître de Plaisir. Aber Stimmungen und Leitmotive – eben die inneren Abläufe – wiederholen sich bis in den Wortlaut hinein und zeigen damit nicht nur die Unabdingbarkeit menschlichen Schicksals, sondern sie lassen auch den Lebensweg Tonio Krögers als eine in sich gefügte Ganzheit erscheinen, in der die Veränderungen nur akzidenteller Natur sind. [...]

Ein anderes Bauschema ergibt sich aus der Tatsache, daß zwischen den wehmütigen und von warmem Gefühl getragenen Kapiteln I–II (Jugend) und VI–VIII (Aalsgaard) einerseits und der essayistischen und kalten, von Nietzsches Psychologie bestimmten Selbstanalyse (und damit Literatenanalyse!) andererseits ein Stilbruch drohte. Thomas Mann hat ihn dadurch überbrückt, daß er die Kapitel III und V eingeschaltet hat. Es ergibt sich auch bei dieser Anordnung ein Mittelteil mit zwei Seitenflügeln und dazwischen je ein Verbindungsstück. Der abschließende Brief an Lisaweta (Kapitel IX) wäre dann die Bilanz (das Fazit) des Ganzen.«

Kurt Bräutigam: Thomas Mann. ›Tonio Kröger‹. München: Oldenbourg, 1969. S. 12–14.

VI. Literaturhinweise

1. Texte und Dokumente

Tonio Kröger. In: Neue deutsche Rundschau 14 (1903) H. 2. S. 113–151.
Tristan. Sechs Novellen. Berlin: S. Fischer, 1903. [»Tonio Kröger«: S. 165–264.]
Gesammelte Werke in dreizehn Bänden. Frankfurt a. M.: S. Fischer, 1974. [Zit. als: GW. – »Tonio Kröger« in Bd. 8.]
Frühe Erzählungen. Frankfurt a. M.: S. Fischer, 1981. (Gesammelte Werke in Einzelbänden. Frankfurter Ausgabe. Hrsg. von Peter de Mendelssohn.)
Briefe. Hrsg. von Erika Mann. [Bd. 1:] Briefe 1889–1936. Frankfurt a. M.: S. Fischer, 1962. [Bd. 2:] Briefe 1937–1947. Ebd. 1963. [Bd. 3:] Briefe 1948–1955 und Nachlese. Ebd. 1965. [Zit. als: Briefe.]
Thomas Mann – Heinrich Mann. Briefwechsel 1900–1949. Hrsg. von Hans Wysling. Frankfurt a. M.: S. Fischer, 1968.
Briefe an Otto Grautoff 1894–1901 und Ida Boy-Ed 1903–1928. Hrsg. von Peter de Mendelssohn. Frankfurt a. M.: S. Fischer, 1975.
Thomas Mann. Hrsg. von Hans Wysling unter Mitw. von Marianne Fischer. 3 Bde. München: Heimeran, 1975–81. (Dichter über ihre Dichtungen. 14.)
Bild und Text bei Thomas Mann. Eine Dokumentation. Hrsg. von Hans Wysling unter Mitarb. von Yvonne Schmidlin. Bern/München: Francke, 1975.

2. Bibliographien und Forschungsberichte

Bürgin, Hans: Das Werk Thomas Manns. Eine Bibliographie unter Mitwirkung von Walter A. Reichart und Erich Neumann. Frankfurt a. M. 1959.
Neumann, Erich: Fortsetzung und Nachtrag zu Hans Bürgins Bibliographie »Das Werk Thomas Manns«. In: Betrachtungen und Überblicke. Zum Werk Thomas Manns. Hrsg. von Georg Wenzel. Berlin/Weimar 1966. S. 491–510.
Matter, Harry: Die Literatur über Thomas Mann. Eine Bibliographie 1898–1969. 2 Bde. Berlin/Weimar 1972.
Jonas, Klaus W.: Die Thomas-Mann-Literatur. Bd. 1: Bibliographie der Kritik 1896–1955. Berlin 1972. Bd. 2: Bibliographie der Kritik 1956–1975. Ebd. 1979.
Die Briefe Thomas Manns. Regesten und Register. Bearb. und hrsg. unter Mitarb. von Yvonne Schmidlin von Hans Bürgin und Hans-Otto Mayer. [Bisher:] 3 Bde. Frankfurt a. M. 1976–82.
Lehnert, Herbert: Thomas-Mann-Forschung. Ein Bericht. Stuttgart 1969.
Kurzke, Hermann: Thomas-Mann-Forschung 1969–1976. Ein kritischer Bericht. Frankfurt a. M. 1977.

3. Zu Leben, Werk und Rezeption

Anton, Herbert: Die Romankunst Thomas Manns. Begriffe und hermeneutische Strukturen. 2., erw. Aufl. Paderborn 1979. (Uni-Taschenbücher. 153.)
Arnold, Heinz Ludwig (Hrsg.): Thomas Mann. München 1976. (text + kritik. Sonderbd.)
Baumgart, Reinhard: Das Ironische und die Ironie in den Werken Thomas Manns. München 1964. (Literatur als Kunst.)
Berendsohn, Walter A.: Thomas Mann und die Seinen. Bern/München 1973.
Bludau, Beatrix / Heftrich, Eckhard / Koopmann, Helmut (Hrsg.): Thomas Mann 1875–1975. Vorträge in München/Zürich/Lübeck. Frankfurt a. M. 1977.
Bürgin, Hans / Mayer, Hans-Otto: Thomas Mann. Eine Chronik seines Lebens. Frankfurt a. M. 1965. [Durchges. Ausg. als Fischer-Taschenbuch. 1470.]
Diersen, Inge: Thomas Mann. Episches Werk – Weltanschauung – Leben. Berlin/Weimar 1975.
Fix, Peter [u. a.]: Das erzählerische Werk Thomas Manns. Entstehungsgeschichte – Quellen – Wirkung. Berlin/Weimar 1976.
Heller, Erich: Thomas Mann. Der ironische Deutsche. Frankfurt a. M. 1959. [Engl. Ausg., verb., Cambridge 1981.]
Hilscher, Eberhard: Thomas Mann. Leben und Werk. Berlin 1975. (Schriftsteller der Gegenwart.)
Jendreiek, Helmut: Thomas Mann. Der demokratische Roman. Düsseldorf 1977.
Koopmann, Helmut: Thomas Mann. Konstanten seines literarischen Werks. Göttingen 1975. (Kleine Vandenhoeck-Reihe. 1404.)
– (Hrsg.): Thomas Mann. Darmstadt 1975. (Wege der Forschung. 335.)
Lehnert, Herbert: Thomas Mann. Fiktion, Mythos, Religion. Stuttgart 1965. (Sprache und Literatur. 27.)
Lukács, Georg: Thomas Mann. In: G. L.: Werke. Bd. 7: Deutsche Literatur in zwei Jahrhunderten. Neuwied/Berlin 1964. S. 499–618.
Mayer, Hans: Thomas Mann. Frankfurt a. M. 1980.
Mendelssohn, Peter de: Der Zauberer. Das Leben des deutschen Schriftstellers Thomas Mann. T. 1: 1875–1918. Frankfurt a. M. 1975.
Pütz, Peter: Kunst und Künstlerexistenz bei Nietzsche und Thomas Mann. Zum Problem des ästhetischen Perspektivismus in der Moderne. Bonn 1963. 2., durchges. und erg. Aufl. Bonn 1975.
– (Hrsg.): Thomas Mann und die Tradition. Frankfurt a. M. 1971.
Reed, T. J.: Thomas Mann. The Uses of Tradition. Oxford 1974.
Scherrer, Paul / Wysling, Hans: Quellenkritische Studien zum Werk Thomas Manns. Bern/München 1967. (Thomas-Mann-Studien I.) [Zit. als: Thomas-Mann-Studien I.]
Schröter, Klaus: Thomas Mann in Selbstzeugnissen und Bilddokumenten. Reinbek 1964 [u. ö.]. (rowohlts monographien. 93.)

Schröter, Klaus (Hrsg.): Thomas Mann im Urteil seiner Zeit. Dokumente 1891–1955. Hamburg 1969.
[Thomas-Mann-Studien I: s. Scherrer/Wysling.]
Wiecker, Rolf (Hrsg.): Thomas-Mann-Gedenkschrift 1875–1975. Kopenhagen 1975.

4. Zum »Tonio Kröger«

Basilius, Harold A.: Thomas Mann's use of musical structure and technique in ›Tonio Kröger‹. In: The Germanic Review 19 (1944) S. 284–308.
Beisbart, Ortwin: Thomas Mann: ›Tonio Kröger‹. In: Jakob Lehmann (Hrsg.): Deutsche Novellen von Goethe bis Walser. Interpretationen für den Deutschunterricht. Bd. 2: Von Fontane bis Walser. Königstein i. Ts. 1980. (Scriptor Taschenbücher. S. 156.) S. 101–124.
Bennet, Benjamin: Casting out Nines. Structure, Parody and Myth in ›Tonio Kröger‹. In: Revue des Langues vivantes 42 (1976) S. 126–146.
Berendsohn, Walter A.: Thomas Manns ›Tonio Kröger‹. In: Lübeckische Blätter 123 (1963) Nr. 18. S. 253–260.
Bräutigam, Kurt: Thomas Mann. ›Tonio Kröger‹. München 1969. (Interpretationen zum Deutschunterricht.)
Evans, Tamara S.: »Ich werde Besseres machen ...«. Zu Thomas Manns Goethe-Nachfolge in ›Tonio Kröger‹. In: Colloquia Germanica 15 (1982) S. 84–97.
Furst, Lilian R.: Thomas Mann's ›Tonio Kröger‹. A Critical Reconsideration. In: Revue des Langues vivantes 27 (1961) S. 232–240.
Geißler, Rolf: Kunst und Künstler in der bürgerlichen Gesellschaft. Eine Unterrichtsreihe über Goethes ›Torquato Tasso‹, Grillparzers ›Sappho‹, E. T. A. Hoffmanns ›Kreisleriana‹, Buschs ›Balduin Bählamm‹, Wedekinds ›Der Kammersänger‹ und Th. Manns ›Tonio Kröger‹. In: Literatur für Leser (1978) H. 2. S. 130–164.
Hansen, Volkmar: Thomas Manns Heine-Rezeption. Hamburg 1975. [Zu »Tonio Kröger«: S. 101–111.]
Haug, Helmut: Erkenntnisekel. Zum frühen Werk Thomas Manns. Tübingen 1969. [Zu »Tonio Kröger«: S. 40–64.]
Havenstein, Martin: Thomas Mann. Der Dichter und Schriftsteller. Berlin 1927. [Zu »Tonio Kröger«: S. 212–233.]
Heller, Erich: Tonio Kröger und der tödliche Lorbeerbaum. In: Hamburger Akademische Rundschau 2 (1948) H. 11/12. S. 569–585.
Jendreiek, Helmut: Thomas Mann. Der demokratische Roman. Düsseldorf 1977. [Zu »Tonio Kröger«: S. 174–200.]
Kirchberger, Lida: Popularity as a Technique. Notes on ›Tonio Kröger‹. In: Monatshefte für den deutschen Unterricht 63 (1971) S. 321–334.
Koopmann, Helmut: Hanno Buddenbrook, Tonio Kröger und Tadzio. Anfang und Begründung des Mythos im Werk Thomas Manns. In: Gedenkschrift für Thomas Mann 1875–1975. Hrsg. von Rolf Wiecker. Kopenhagen 1975. S. 53–65.

Kunne-Ibsch, Elrud: Der Aphorismus als Strukturelement im Literaturgespräch von Thomas Manns ›Tonio Kröger‹. In: Dichter und Leser. Studien zur Literatur. Hrsg. von Ferdinand van Ingen [u. a.]. Groningen 1972. S. 177–190.

Lang, Hermann J.: Thomas Mann: ›Tonio Kröger‹ und ›Bekenntnisse des Hochstaplers Felix Krull‹. Eine Unterrichtseinheit. In: Romanbetrachtung. Hrsg. von Kurt Bräutigam. Heidelberg 1971. S. 133–148.

Lehnert, Herbert: ›Tristan‹, ›Tonio Kröger‹ und ›Der Tod in Venedig‹. Ein Strukturvergleich. In: Orbis litterarum 24 (1969) S. 271–304.

– Tonio Kröger and Georg Bendemann: Artistic Alienation from Bourgeois Society in Kafka's Writings. In: Perspectives and Personalities. Studies in Modern German Literature. Honoring Claude Hill. Ed. by Ralph Ley [u. a.]. Heidelberg 1978. S. 222–237.

Lotze, Dieter P.: Balduin Bählamm und Tonio Kröger. Der in die Kunst verirrte Bürger bei Wilhelm Busch und Thomas Mann. In: Wilhelm-Busch-Jahrbuch 1978 (Mitteilungen der Wilhelm-Busch-Gesellschaft Nr. 44). S. 36–42.

McWilliams, James R.: Conflict and Compromise. Tonio Kröger's Paradox. In: Revue des Langues vivantes 32 (1966) S. 376–383.

Niven, Colin: Thomas Mann. ›Tonio Kröger‹. Notes by C. N. Beirut / Harlow (Essex) 1982. (York Notes.)

O'Neill, Patrick: Dance and counterdance: a note on ›Tonio Kröger‹. In: German Life & Letters 29 (1975/76) S. 291–295.

Santoli, Vittorio: Drei Erzählungen Thomas Manns. In: V. S.: Philologie und Kritik. Forschungen und Aufsätze. Bern/München 1971. S. 162–187.

Scherrer, Paul: Thomas Mann und die Wirklichkeit. In: Lübeckische Blätter 120 (1960) Nr. 7. S. 77–86.

Schmidt, Christian: Bedeutung und Funktion der Gestalten der europäisch östlichen Welt im dichterischen Werk Thomas Manns. München 1971. (Slavistische Beiträge. Bd. 52.) [Zu »Tonio Kröger«: S. 37–70.]

Schochow, Maximilian: Der musikalische Aufbau in Thomas Manns Novelle ›Tonio Kröger‹. In: Zeitschrift für Deutsche Bildung 4 (1928) S. 244–253.

Seitz, Gabriele: Film als Rezeptionsform von Literatur. Zum Problem der Verfilmung von Thomas Manns Erzählungen ›Tonio Kröger‹, ›Wälsungenblut‹ und ›Der Tod in Venedig‹. München 1979. (tuduv-Studien. Reihe Sprach- und Literaturwissenschaften. 12.) [Zu »Tonio Kröger«: S. 52–136 und 415–462.]

Sørensen, Bengt Algot: Die symbolische Gestaltung in den Jugenderzählungen Thomas Manns. In: Orbis litterarum 20 (1965) S. 85–97.

Swales, Martin W.: Punctuation and the Narrative Mode. Some Remarks on ›Tonio Kröger‹. In: Forum for Modern Language Studies 6 (1970) S. 235–242.

Weigand, Paul: Thomas Mann's ›Tonio Kröger‹ and Kleist's ›Über das Marionettentheater‹. In: Symposium 12 (1958) S. 133–148.

Wetzel, Heinz: The Seer in the Spring. On ›Tonio Kröger‹ and ›The Waste Land‹ [von T. S. Eliot]. In: La Revue de Littérature Comparée 44 (1970) S. 322–332.

Wetzel, Heinz: Erkenntnisekel. Motivkorrespondenzen zwischen Heines ›Götterdämmerung‹ und Thomas Manns ›Tonio Kröger‹. In: Heine-Jahrbuch 20 (1981) S. 163–169.
Wilkinson, Elizabeth M.: ›Tonio Kröger‹. An Interpretation. In: Thomas Mann. A Collection of Critical Essays. Ed. by Henry Hatfield. Englewood Cliffs, N. J., 1964. S. 22–34.
Wilson, Kenneth G.: The Dance as Symbol and Leitmotiv in Thomas Mann's ›Tonio Kröger‹. In: The Germanic Review 29 (1954) S. 282–287.
Woodward, Anthony: The Figure of the Artist in Thomas Mann's ›Tonio Kröger‹ and ›Death in Venice‹. In: English Studies in Africa 9 (1966) S. 158–167.
Wysling, Hans: Dokumente zur Entstehung des ›Tonio Kröger‹. In: Paul Scherrer / Hans Wysling: Quellenkritische Studien zum Werk Thomas Manns. Bern 1967. (Thomas-Mann-Studien I.) S. 48–63 und 330 f. [Zit. als: Thomas-Mann-Studien I.]
Zimmermann, Werner: Thomas Mann. ›Tonio Kröger‹. In: W. Z.: Deutsche Prosadichtungen unseres Jahrhunderts. Interpretationen für Lehrende und Lernende. Bd. 1. 2., geänd. Aufl. Düsseldorf 1971. S. 100–124.

zu Kleist, *Amphitryon.* 8162 [2] – *Das Käthchen von Heilbronn.* (D. Grathoff) 8139 [2] – *Michael Kohlhaas.* (G. Hagedorn) 8106 – *Prinz Friedrich von Homburg.* (F. Hackert) 8147 [3] – *Der zerbrochne Krug.* (H. Sembdner) 8123 [2]

zu J. M. R. Lenz, *Die Soldaten.* (H. Krämer) 8124

zu Lessing, *Emilia Galotti.* (J.-D. Müller) 8111 [2] – *Minna von Barnhelm.* (J. Hein) 8108 – *Nathan der Weise.* (P. von Düffel) 8118 [2]

zu Th. Mann, *Mario und der Zauberer.* (K. Pörnbacher) 8153 – *Tonio Kröger.* 8163 – *Tristan.* (U. Dittmann) 8115

zu Meyer, *Das Amulett.* (H. Martin) 8140

zu Mörike, *Mozart auf der Reise nach Prag.* (K. Pörnbacher) 8135 [2]

zu Nestroy, *Lumpazivagabundus.* (J. Hein) 8148 [2] – *Der Talisman.* (J. Hein) 8128

zu Schiller, *Don Carlos.* (K. Pörnbacher) 8120 [3] – *Kabale und Liebe.* (W. Schafarschik) 8149 [2] – *Maria Stuart.* (Chr. Grawe) 8143 [3] – *Die Räuber.* (Chr. Grawe) 8134 [3] – *Wallenstein.* (K. Rothmann) 8136 [3] – *Wilhelm Tell.* (J. Schmidt) 8102

zu Shakespeare, *Hamlet.* (H. H. Rudnick) 8116 [3]

zu Stifter, *Abdias.* (U. Dittmann) 8112 – *Brigitta.* (U. Dittmann) 8109

zu Storm, *Der Schimmelreiter.* (H. Wagener) 8133 [2]

zu Wedekind, *Frühlings Erwachen.* (H. Wagener) 8151 [2]

zu Zuckmayer, *Der Hauptmann von Köpenick.* (H. Scheible) 8138 [2]

In Vorbereitung:

zu Eichendorff, *Das Marmorbild*

zu Gotthelf, *Die schwarze Spinne*

zu Grillparzer, *Der arme Spielmann*

zu Kafka, *Die Verwandlung*

zu Schiller, *Die Jungfrau von Orleans* – *Die Verschwörung des Fiesco von Genua*

zu Storm, *Hans und Heinz Kirch*

Philipp Reclam jun. Stuttgart

Erläuterungen und Dokumente

zu Büchner, *Dantons Tod.* (J. Jansen) 8104 – *Woyzeck.* (L. Bornscheuer) 8117

zu Chamisso, *Peter Schlemihl.* (D. Walach) 8158

zu Droste-Hülshoff, *Die Judenbuche.* (W. Huge) 8145

zu Dürrenmatt, *Der Besuch der alten Dame.* (K. Schmidt) 8130

zu Fontane, *Effi Briest.* (W. Schafarschik) 8119 [2] – *Frau Jenny Treibel.* (W. Wagner) 8132 [2] – *Irrungen, Wirrungen.* (F. Betz) 8146 [2] – *Schach von Wuthenow.* (W. Wagner) 8152 [2] – *Der Stechlin.* (H. Aust) 8144 [2]

zu Frisch, *Biedermann und die Brandstifter.* (I. Springmann) 8129 [2]

zu Goethe, *Egmont.* (H. Wagener) 8126 [2] – *Götz von Berlichingen.* (V. Neuhaus) 8122 [2] – *Hermann und Dorothea.* (J. Schmidt) 8107 [2] – *Iphigenie auf Tauris.* (J. Angst u. F. Hakkert) 8101 – *Die Leiden des jungen Werthers.* (K. Rothmann) 8113 [2] – *Novelle.* (Chr. Wagenknecht) 8159 [2] – *Torquato Tasso.* (C. Grawe) 8154 [3] – *Die Wahlverwandtschaften.* (U. Ritzenhoff) 8156 [3] – *Wilhelm Meisters Lehrjahre.* (E. Bahr) 8160 [4]

zu Grass, *Katz und Maus.* (A. Ritter) 8137 [2]

zu Grillparzer, *König Ottokars Glück und Ende.* (K. Pörnbacher) 8103 – *Weh dem, der lügt!* (K. Pörnbacher) 8110

zu Hauptmann, *Bahnwärter Thiel.* (V. Neuhaus) 8125 – *Der Biberpelz.* (W. Bellmann) 8141

zu Hebbel, *Agnes Bernauer.* (K. Pörnbacher) 8127 [2] – *Maria Magdalena.* (K. Pörnbacher) 8105

zu Heine, *Deutschland. Ein Wintermärchen.* (W. Bellmann) 8150 [2]

zu Hoffmann, *Das Fräulein von Scuderi.* (H. U. Lindken) 8142 [2] – *Der goldne Topf.* (P.-W. Wührl) 8157 [3]

zu Kaiser, *Von morgens bis mitternachts.* (E. Schürer) 8131 [2]

zu Keller, *Das Fähnlein der sieben Aufrechten.* (J. Schmidt) 8121 – *Romeo und Julia auf dem Dorfe.* (J. Hein) 8114